JN438225

노을빛으로 그린 관상

문학공원 수필집 48

삶이란 여행길에 오른 당신!
꽃 피우고 열매도 맺는 삶의 여행을 떠나자!

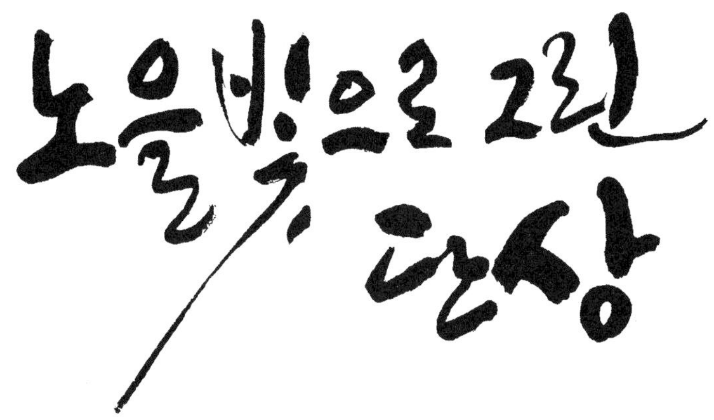

윤 영 창

문학공원

책을 펴내며

지난 평생을 공직과 선출직으로 지내면서 나이 70에 그 직을 내려놓고 여유로움을 찾아 지난 세월을 되돌아보면서 틈틈이 배우고 익힌 얄팍한 지식을 희미한 기억을 더듬어 코로나사태 위기 확산이 저자에게는 오히려 기회로 작용하여 보람있는 시간이 되었다. 언제 멈출지 모르는 내 인생의 시계가 고장 나기 전 집필을 마치게 되어 매우 기쁘게 생각한다.

인생도 계절처럼 성장하는 봄이 있고 열심히 일하는 여름이 있으며 가을이 오면 인생의 열매를 수확하는 가장 화려한 계절이 되어야 하는데, 수확할 것이 없는 삶은 부끄러운 삶을 살아온 것 같아 흔적 하나 남기고자 일을 저지르게 되었다.

『논어(論語)』에 '박학독지(博學篤志)'라는 사자성어가 나오는데, 이는 '많은 배움을 가져서 뜻을 굳건히 할 지어다'라는 말로 책 한 권 집필하는 것이 목표였는데 그 뜻이 이루어져 한결 마음이 가벼워진다.

젊었을 때 내게 달콤한 향기로만 기억되던 일상생활이 장년의 나이가 되어 온갖 일을 겪으면서 참고 살아야 한다는 과묵한 습관에 둔감해져서 그런지 감성적이고 섬세한 표현이 사라지고 무미건조한 문장으로만 이루어져 부끄러울 따름이다.

우리네 모습이 제각각 다르게 살더라도 고유의 빛과 향, 그리고 멋을 발산하여 아름다운 인생을 살아가는 님들과 고운 인연으로 항상 염려 해주고 관심 있게 지켜 봐주신 덕분에 졸필이지만 제 글이 읽혀진다는 것에 설레임이 일어난다.

시대가 급속하게 변하면서 하루가 다르게 인공지능이 결합된 새로운 것을 접하면서도 옛부터 길들여진 낯익은 것이 좋고 옛날 풍속이 그립기만 한 고루한 생각이 지워지지 않는다.

지금의 70대 이상 살아온 길은 드론을 띄우는 시대에 연 날리기나 연상하고 전깃불 대신 호롱불을 생각게 하는, 뒤떨어진 사고를 벗어나지 못하여 한자로 된 사자성어나 즐겨 인용하는 완고하고 경직된 사고가 공직생활과 무관하지 않을 것이라고 생각된다.

추운겨울에 숨어 있는 봄이 기다려지듯 살아 숨 쉬는 기쁨을 맛보면서 더러는 나 자신이 알지 못했던 잠재된 능력을 발휘하여 직접 제목부터 삽화그림까지 내손으로 그려가며 편찬에 대한 성취감으로 마음에 위로를 받는 것도 즐거움이라고 생각한다.

독일 시인 괴테는 "하늘에는 별이 있고 땅에는 꽃이 있으며 인간의 가슴에는 사랑이 있다"고 하였다.

크고 작은 만남과 삶에서 터득한 이 글이 독자여러분에게 모쪼록 마음의 비타민을 충전시키는 유익한 자료가 되었으면 하는 게 큰 바램이다.

2020년 유월

화봉 윤 영 창

CONTENTS

2부.
마중물

CONTENTS

3부.
만족할 줄 아는 삶

4부.
여유 있는 사람

CONTENTS

5부.
삶의 여유

1부
긍정적인 생각

군맹평상(群盲評象)

'군맹평상(群盲評象)'은 불교 경전인 『열반경』에 나오는 사자성어로 '자기 앞에 놓인 것만 보느라 전체를 보지 못한다'는 뜻이다.

옛날에 임금이 대신들을 시켜 코끼리를 끌어오라 이르고, 맹인들을 불러 모아놓고 코끼리가 어떻게 생겼는지 만져보라 했다. 한 사람이 코끼리의 다리를 만지면서 '통나무처럼 생겼다.'고 말했다. 두 번째 맹인은 코끼리의 귀를 만지면서 '주름이 많은 것이 넓적하고 곡식을 까부르는 키 같이 생겼다.'고 했다. 또 다른 맹인은 코끼리의 머리를 두드려 보고는 '코끼리는 바위하고 똑같다.'라고 말했다. 군맹평상을 직역하면 '맹인 무리가 코끼리를 만져서 평가를 한다.'라는 뜻이다.

옛날 어느 임금이 자기 이가 다 빠지는 꿈을 꾸었는데, 해몽가에게 물어보았다. 그 신하는 "임금님, 그 꿈은 '임금님 가

족들이 모두 죽는다.'라는 악몽을 꾸셨습니다." 라고 임금께 고하자 임금은 화가 나서 그 신하를 옥에 가두었다. 또 다른 신하는 "임금님, 축복 받으실 길몽을 꾸셨습니다."라면서 "임금님이 가족 중에 가장 장수하실 꿈입니다."라고 말하자, 임금은 기분 좋아서 그 신하에게 포상을 하였다고 한다. 같은 내용을 가지고 말을 어떻게 사용하느냐에 따라 '벌을 받은 사람이 있는가?'하면 상대를 감동시켜 포상까지 받는 사람이 있는 등 현격한 온도차를 느끼게 한다.

위의 글씨 사진을 보고 어느 사람은 '삶'으로, 어느 사람은 '사람'으로 읽을 수 있다.

'삶'을 풀어보니 사람이 되고, '사람'을 줄여서 삶이 되는 것과 마찬가지로, 삶은 사람과의 만남이다. 삶으로 읽어도 맞다.

사람으로 읽어도 맞다. 내 주장만 옳고 남의 말은 틀린 것처럼 평가를 해선 안 될 것이다. 이 사회는 다양한 의견이 나올 수 있는 것이고 그것을 수렴할 줄 아는 사람이 현명한 사람이다. '누구나 즐거운 일이 다하면 슬픈 일이 닥쳐온다.'는 낙극생비(樂極生悲)라는 사자성어가 생각난다. 돌고 도는 게 세상이다.

화개반 주미취(花開半酒微醉)

음주문화(飮酒文化)는 옛날에 관혼상제(冠婚喪祭) 때 세시풍속(歲時風俗)으로 내려오다가 지금은 각종모임이나 연회에 필수적인 기호식품으로 빠뜨릴 수 없게 되었다.

술 마시는 방법도 각양각색으로 문화가 각기 다르게 전해 내려오고 있다. 술 마시는 주당들도 문화적 측면에서 분석하라 하면 낯설은 말들이라 소개한다.

첫 번째로 저 혼자 술잔에 따라 주량 것 혼자 마시는 음주 습관을 독작(獨酌)문화라 한다. 대체적으로 서양 사람들이 즐기는 문화이다. 두 번째로 잔을 상대방에게 권해 술을 따라주고 마시게 한 다음에 그 잔을 되돌려주는 방식인데 갚을 수(酬)자를 사용해서 수작(酬酌)문화라 한다. 같은 잔으로 입을 대고 나누어 마시는 사람들 간에 일심동체와 결속을 다지는 음주문화로 우리나라의 대표적 문화다. 세 번째로 술잔을 들

고 축원하는 건배사를 하고 마시는 대작(對酌)문화다. '당신의 건강을 위하여'로 가장 널리 쓰이고 있는 문화로 조직의 회식에서 이용되고 있으며 잔을 부딪치는 대작(對酌)문화라 한다. '위하여!'보다, '얼씨구', '지화자' 등 순수 우리말 건배사를 이용하는 것이 좋을 듯싶다.

화개반 주미취(花開半酒微醉)라는 말이 있다. 꽃은 반쯤 피었을 때가 아름답고 술은 적게 취했을 때가 좋다는 뜻의 사자성어다. 조금 먹으면 약주(藥酒), 많이 먹으면 북망산 망(邙)자의 망주(邙酒)가 되기 때문에 비유해본 말이다.

사람의 성품에 따라 술의 작용이 다르게 나타난다는 "길인취 선심로(吉人醉 善心露) 조인취 한기포(躁人醉 悍氣布)"란 말도 있다. "좋은 사람은 술에 취하면 착한 마음이 나타나고, 조급한 사람은 술에 취하면 사나운 기운이 나온다."라는 뜻의 한자숙어다. 원래 마음이 선한 사람은 술에 취하면 오히려 다른 사람을 더욱 돌아보려고 이해하려 한다. 그동안 쌓였던 오해도 너그럽게 풀어버릴 줄도 아는 아량이 생겨나는 것이 술이기도 하다.

술이라는 것은 묘한 액체로 독이 아니면서 사람을 망가뜨리기도 하고, 약이 아니면서 사람을 건강하게 해주기도 하며, 마약이 아니면서 사람을 혼미하게하기도 하고, 흥분제가 아니면서 사람을 들뜨게 하거나 기쁘게 해주기도 한다.

감나무 단상

감나무는 한국, 중국, 일본 밖에서는 아무리 옮겨 심어도 재배되지 않는다고 한다.

홍시는 치아가 성치 안은 노인들의 기호식품으로 애용되고 있으며 이를 따다가 냉동실에 보관했다가 여름에 먹으면 아이스크림을 능가하며 입속에 퍼지는 감출 맛은 표현하기 어려울 정도로 빼어나다.

감나무의 수명은 몇 백 년을 살 수 있고, 새들이 집을 짓지 않으며, 해충이 범접하지 않아 농약을 뿌리지 않아도 되며 나무가 단단하여 목재로 최상이며 당도가 높고 치아가 없어도 먹기 쉬운 과일로 고려시대부터 재배된 것으로 알려졌다.

유네스코 세계기록 유산인 허준이 지은 의학서『동의보감』에서 감의 일곱 가지 좋은 점을 이야기하고 있다. "나무가 오

래 살고, 그늘이 많으며, 새가 둥지를 틀지 않고, 단풍이 좋고, 과실이 아름다우며, 낙엽도 풍부하다."라고 기술하고 있다. 우심홍주(牛心紅珠)라고도 표현했는데, 그것이 요즘은 문맥을 바꾸어 잘 익은 감을 홍주우심(紅珠牛心)이라 전해 내려오고 있다.

제사상에도 '조율이시(棗栗梨柿)'라 해서 대추, 밤, 배와 함께 조상에게 올려진 식품으로 애용되어 왔다. 감나무로 만든 종이와 화살촉으로 사용되었으며, 옷감에 감색염료로 널리 사용되고 지금도 활용되고 있다. 100년 된 감나무는 자손이 귀한 집에서는 감나무처럼 자손의 번창을 기원하는 기자목(祈子

木)이 되기도 했다.

요즘은 감나무 잎으로 차로 만들어 감잎차를 마시며, 차례 문화에서도 빠지지 않는 기호식품이 되기도 한다. 감나무잎차 효능은 비타민C가 풍부하고 피부미용과 항산화작용에 좋고 구취제거에 좋고 혈액순환에 탁월한 효과가 있다 한다. 다만 우리나라 북부지역에서는 재배가 쉽지 않고 아직도 남부지역에서만 널리 재배되고 있다.

홍시(紅柿), 각시(角柿), 오시(烏柿), 백시(白柿)라는 명칭으로 색깔과 모양에 따라 분류되기도 한다.

까마귀의 오해와 진실

까마귀는 까치와 다르게 사람의 발길이 닿지 않는 곳에 둥지를 틀어 좀처럼 눈에 띄지 않은 것이 특징이다.

텃새인 까마귀는 작은 무리를 지어서 행동하기 때문에 리더가 없고 큰 힘을 발휘하지 못하여 보잘 것 없는 수많은 군중을 가리켜 오합지졸(烏合之卒)이라는 사자성어가 생겼다. 이때 까마귀 오(烏)자를 사용한다.

그런데 요즘은 겨울철에 몽골과 시베리아에서 철새인 떼까마귀 수만 마리가 날아와 전깃줄에 올라앉은 모습이 장관을 이루고 있으나, 배설물 피해로 도시 미관을 해치고 있어 골머리를 앓는다.

까치의 울음소리는 "반가운 손님이 온다."라고 전해져 내려와 길조로 인식되어 왔으나 까마귀 울음소리는 "불길한 소식을 전한다."라고 하여 귀에 거슬리는 말을 들을 때 "염병에

까마귀 소리를 듣지"라는 말과 "까마귀 날자 배 떨어진다(烏飛梨落)."라는 속담처럼 고대로부터 까마귀에 대하여 불길한 새로 인식되었다. 티브이 드라마에서도 불길한 징조를 나타낼 때 효과음으로 까마귀 울음소리를 내기도 한다. 그런데 영국에서는 까마귀를 킹스버드(King's Bird)라고 부를 정도로 한국의 비둘기처럼 친근한 새로 여기고 있다.

까마귀는 까치, 앵무새와 함께 새 중에서 지능이 가장 높은 동물로 사람의 흉내를 내어서 주목 받기도 하며 침팬지보다도 지능이 뛰어나다고 한다. 까마귀가 호두를 길에다 물어다 놓고 자동차가 지나간 후에 껍질이 부서지면 알맹이를 먹는 모습을 보았다. 물병에 물이 든 것을 보고 모래와 돌을 넣어 수위를 높여 마셨다거나 막대기를 입에 물고 먹이를 틈새로 굴려 내서 먹는 모습 등이 어린아이보다 지능 높게 행동하는 것을 엳 볼 수 있다.

기억력이 나쁜 사람을 '새대가리'라고 한다. 일본에서는 까마귀에게 돌을 던진 사람이 이튿날 아침에 비무장인 것을 알고 까마귀들로부터 공격을 받아 정수리에 상처를 입는 사고가 발생했다고 한다.

접시 세 개를 뒤집어놓고 그중 한 개의 접시 속에만 먹이를 집어넣었다. 그리고 접시 세 개를 이리저리 돌리면서 그 위치를 바꿔 놓았다. 마술사들이 같은 방법으로 동전을 집어넣고 이리저리 돌린 다음 동전이 들어 있는 접시를 골라 보라면 사람도 알아맞히기 어려운데 까마귀는 몇 번이고 정확히 맞추는 장면을 보고 매우 놀란 적이 있다. "새대가리"란 표현은 옳지 않은 것 같다.

늑대 같은 남자를 좋아해라!

늑대습성 중 가장 잘 알려진 것이 철저한 일부일처제라고 한다. 강인한 수컷이 여러 암컷을 다스리는 것이 동물의 세계이지만 늑대들은 평생 1마리의 배우자를 거느리며 암컷 늑대가 죽으면 수컷은 새끼 늑대가 독립할 때까지 보살핀 후 암컷 늑대가 죽은 그 자리에서 굶어죽는다 하니 요즘 여성들은 늑대 같은 남자를 선호해야 된다고 생각한다.

게다가 '바람을 피우지 않는다.'고 하니 자연 속에서도 소문이 자자한 일편단심 민들레가 아닐까 싶다.

애정에는 권태기가 있는 법

인데, 평생 동안 그 암컷만 지키며 살아가는 늑대에게 '자랑스런 지아비 상'을 수여할 만하다.

늑대는 자신의 암컷을 위해 목숨까지 바쳐 싸우는 유일한 포유류이며 사냥을 하면 암컷과 새끼에게 먼저 음식을 양보하며 약한 상대가 아닌 강한 상대를 선택해 사냥을 하고 인간이 먼저 그들을 괴롭혀도 인간을 먼저 공격하지 않는 특성도 있다.

들깻잎 예찬

석유가 들어오기 이전 선조들은 오랜 동안 등잔불의 연료는 주로 들기름으로 사용하였으며, 산업화시대로 접어들면서 오염이 심한 곳은 들깻잎이 갈색반점이 진하게 생겨나서 환경지표식물로 전문지식이 없어도 그 변질만 보고 오염의 심각성을 알아차릴 수 있었다. 가까운 일본에서는 나팔꽃이 지표식물로 이용되었다고 전해지고 있다.

옛날 아기가 갓 태어나서 처음으로 입에 접하는 것이 들기름을 흠뻑 묻힌 솜으로 입안을 닦아 냄으로써 불순물을 제거하는 전통 살균제로 사용되기도 했고, 『본초강목(本草綱目)』에 들깻잎이 어육독(魚肉毒)을 제거한다 했으니 지금까지도 들깻잎에 싸먹는 습관이 전해지고 있고 생선찌게도 깻잎을 넣어 먹는 습관이 전해진다.

들깨는 오메가3지방산이 풍부하고 참깨는 오메가6지방산이 함유되어 각기 성질이 다른 불포화지방산이 함유되어 있는데 오메가3지방산은 심혈관질환을 예방하는 피를 굳지 않게 하고 따뜻한 성질을 가지고 있어 겨울철 건강에 도움이 된다하며 반면 오메가6지방산(콩, 옥수수, 포도, 해바라기 등 다량함유)은 심혈관을 예방하는 효과는 같으나 혈액을 응고시키고 혈관벽을 튼튼하게 만드는 효과가 있어서 오메가3 반대쪽으로 작용하는 대사과정을 갖는다 한다. 그래서 균형 있는 섭취가 필요하며 들깨는 한국 사람에게 오메가3 영양소를 보충해주는 가장 고마운 식생(植生)이 아닐 수 없다고 생각된다.

인간의 장수를 연구하는 세계적인 권위자 박상철 교수는 국내 최고 장수지역인 구례, 곡성, 순창, 담양 등의 장수마을 주민들의 들깻잎 소비량이 다른 지역에 비해 훨씬 많은 것을 발견했다.

"들깨가 오메가3지방산의 주요 공급원 역할을 했어요. 들기름에 나물을 무치고, 전을 지지고, 들깻잎을 날로, 혹은 된장이나 간장에 절여 드셨어요. 들깨가루는 추어탕 등에 듬뿍 넣어 드시더군요."

과학자도 첫 번째 추천식품이 들깻잎이다. 그리고 두 번째를 발효식품을 꼽았다. 들깻잎은 그만큼 인간에게 좋은 식품이다.

복수초(福壽草)

겨울에 피는 동백꽃을 제외하고, 복수초는 봄의 전령사로 불리는 꽃으로 가장 빨리 피는 꽃이다. 싹보다 꽃이 먼저 피는 것도 특이하다.

산골짜기 잔설이 녹아가면서 그렇게 맹위를 떨치던 추위는 간 데 없고 봄은 소리 없이 다가온다. 실개천 얼음장 아래 졸졸 흐르는 물이 봄의 전령사 노릇을 하고 있고 생강나무, 산수유, 개나리꽃 등은 모두 노란색을 띠고 피어나면서. 삭막했던 겨울철이 따뜻한 노란색으로 봄을 알리는 것 같다.

강아지 꼬리처럼 비슷하다 하여 버들강아지(갯버들)이라 불리는 버드나무 꽃이 겨우내 인고의 시간을 잘 참아내고 자태를 뽐내며 봄의 향기를 발산하고 있다. 봄의 생동감이 경이롭게만 보인다.

봄이면 일찍 개화하는 꽃나무로 매화가 있다. 이를 '눈 속에

매화꽃이 핀다'는 이유로 '설중매'라 불린다. 야생으로는 생강나무도 있다. 복수초는 초근으로 피는 꽃으로 눈 속을 뚫고 올라와 노오란 자태를 뽐내는 것이 정말 신기해 보인다.

복(福)과 장수(長壽)를 뜻하는 복수초는 식물 중에서도 가장 꽃이름 중에 으뜸이라고 생각된다. 눈 속에서 꽃이 필 무렵에는 식물 자체에서 열을 발산하여 주변에 눈을 녹여 버린다고 전해져 내려온다.

복수초 꽃말은 '영원한 행복'이라고 하고 '슬픈 추억'이라고 하는데 이는 일본서 전해 내려오는 전설 때문이다.

일본에서는 설날에 복수초로 집을 장식하고 가족의 복과 장수를 비는 풍속이 있고 복수초를 선물하는 풍속도 있다고 한다.

복수초는 한자식 발음으로 중국, 일본에서 같이 사용하고 있고 순수한 우리말로 '얼음새 꽃', '눈색이 꽃'이라 불리 우며 눈을 삭이고 올라오는 꽃의 제주도 방언이다.

티베트 산악지방에는 '노드바'라고 하는 라마승들이 귀한 약재가 여겼는데 히말라야 산속 만년설 밑에 돋아나 꽃을 피우는데 노드바와 닮은 식물이 바로 복수초다. 복수초는 강심제, 진통제, 이뇨제 약제로 사용되는데, 우리 몸에 해로운 독성을 지니고 있어 식용으로 사용하지 못하고 있다

복과 장수를 빌어 주는 복수초의 꽃말처럼 영원한 행복이 지속되는 복수초를 집집마다 키워보기를 권장하고 싶다.

부처님의 눈, 돼지의 눈

꽃을 담으면 '꽃병'

농약을 담으면 '독극물 병'

소주는 소주잔이 제격이고 막걸리는 노란 양재기가 제격이고 와인은 유리로 된 와인 잔에 따라야 격이 맞는다. 싸구려 막걸리를 와인 잔에 부어놓고 폼 잡는다고 막걸리가 와인이 되지 않는다. 막걸리도 와인 못잖은 좋은 술인데 오히려 비웃음만 산다. 담길 그릇을 잘못 선택했기 때문이다. 모든 잔에 다 맞는 술도 없고 모든 술에 잘 어울리는 술잔도 없다.

무엇으로 사용하느냐에 따라 맛과 효과가 다르다. 병과 통, 그릇에 따라 지저분하게 보이기도 하고 가까이 하지 않게 되며, 격에 맞는 그릇을 사용하게 되면 깨끗하게 보이고 가까이 하고 싶어진다.

사람도 어울리지 않는 자리에 잘못 앉아 있으면, 와인 잔에 잘못 부어 놓은 막걸리처럼 우스꽝스런 모습이 되는 것을 흔히 보게 된다. 무엇으로 사용 하느냐에 따라 달라짐을 이르는 말이다.

불안돈목(佛眼豚目)이란 '부처님의 눈과 돼지의 눈'이라는 뜻의 사자성어다. 이를 풀어서 말하자면 '부처님의 눈으로 보면 부처로 보이고 돼지의 눈으로 보면 돼지로 보인다.'라는 뜻이다.

우리 마음속에 무엇을 담느냐에 따라 행동이 달라지고 ,푸대접을 받을 수 있고, 사람대접을 받을 수 있다.

보이지 않는 우물이 깊은지 얕은지는 돌멩이 하나를 던져보면 안다. 돌이 물에 닿는데 걸리는 시간과 그때 들리는 소리를 통해서 우물의 깊이와 양을 알 수 있는 것이다.

마음의 깊이는 다른 사람이 던지는 말을 통해서 알 수 있다. 내 마음이 깊으면 그 말이 들려오는데 시간이 오래 걸린다.

질풍지경초(疾風知勁草)

모진 바람이 불어야 풀의 강인함을 알 수 있다. 어렵고 위험한 처지를 겪어봐야 인간의 진가를 알 수 있는 법이다. 인생은 난관과 역경으로 가득 차 있고, 인간 세상은 염량세태(炎凉世態)라서 잘 나갈 때는 사람들이 구름같이 몰려들지만, 몰락할 때는 썰물처럼 빠져 나가기 마련이다.

날씨가 추워진 후라야 소나무와 잣나무가 다른 나무보다 뒤늦게 시든다는 것을 안다. 집안이 가난할 때라야 좋은 아내가 생각나고, 세상이 어지러울 때라야 충신을 알아볼 수 있다. 지금 아픈 것은 아름다워지기 위함이다. 아름다운 종소리를 더 멀리 퍼뜨리려면 종(鐘)이 더 아파야 한다.

카프만 부인의 저서 『광야의 샘』에 이런 이야기가 있다.

“나는 누에고치들을 관찰하고 있었다. 마침 여러 마리의 누에고치가 나비로 탈바꿈을 하는 중이었다. 너무도 작은 구멍을 통해 나오려고 애쓰는 그 모습을 보면서 나는 불가능 하리라고 생각하고 있었다. 그런데 한 마리, 두 마리, 그토록 작은 구멍에서 무진 애를 쓰더니 결국은 빠져 나와 공중으로 훨훨 날아올랐다.

나는 마침 또 나오려고 애쓰는 고치를 발견하고 가위로 그 구멍을 넓게 잘라 주었다. 그러면서 내가 하느님보다 더욱 사랑과 자비가 많다고 자족하면서 혼자 웃었다.

내가 넓게 열어준 구멍으로 나비는 쉽게 나왔으나 문제가 생겼다. 공중으로 몇 번 솟아오르려 시도하면서도 결국 오르지 못하고 땅바닥에서만 맴을 돌 뿐이었던 것이다.

그때 비로소 나는 깨달았다. 작은 구멍에서 고통하며 힘써서 나와야 몸의 영양분을 날개 끝까지 공급하게 되고, 날개가 나올 때 심하게 마찰이 되면서 날아오를 만큼 강건해진다는 것이다.”

독수리도 40세 정도가 되면 발톱은 안으로 굽어진 채로 굳어지고, 부리는 가슴으로 구부러져 먹이를 낚아채기 힘들어진

다. 또한 깃털은 두꺼워져 노쇠한 독수리가 날아다니기조차 힘들 정도로 무거워진다. 이런 상태가 되면 독수리는 먹이를 구하지 못해 그대로 죽거나 아니면 고통스럽더라도 새롭게 거듭나거나 하는 선택을 해야만 한다.

주어진 자신의 처지에 주저앉지 않고 새로운 거듭남을 택한 독수리는 150일 동안 산꼭대기의 절벽 끝에 바위틈으로 들어가 스스로 목숨을 건 사투를 벌여야 하며 절벽의 바위틈으로 들어간 독수리는 자신의 부리가 없어질 때까지 바위에 대고 친다. 그리고 새로운 부리가 날 때까지 오랜 시간을 기다린

후에 새 부리가 나면 이번에는 자신의 부리로 낡은 발톱을 모두 뽑아낸다. 시간이 지나 발톱이 다 자라면 이제는 낡은 깃털을 하나하나 뽑아내고 그리고는 깃털이 다 자라날 때까지 오로지 이슬방울만 먹고 조용히 견뎌낸다.

5개월이라는 이 혹독한 시간을 버텨낸 독수리는 마침내 새 부리, 새 발톱, 새 깃털을 얻어 힘차게 하늘을 날아오른다고 한다. 이토록 모질고 처절한 자신과의 싸움에서 이긴 독수리는 무려 30년이나 생명을 연장할 수 있다고 한다. 제2의 삶을 힘차게 살아가는 것이다. 인간의 수명이 길어진 지금 흔히 인생 2모작이라는 말을 많이 한다. 삶의 고통 앞에서 혹은 죽느냐 사느냐는 선택의 기로에 놓여 있을 때 인간은 과연 어떤 선택을 하게 될까? 비록 동물이지만 눈물겨운 독수리의 환골탈퇴가 우리네 삶을 돌아보게 한다.

고난은 신이 우리에게 주신 선물이다.

긍정적 말과 부정적인 말

우리 주변에는 크고 작은 불만을 가지고 있는 사람이 많다. 살면서 항상 만족할 수는 없는 것이고 불만도 따를 것이다. 하지만 "아! 지겨워"라는 푸념으로 하루를 시작하기보다 "오늘은 어떤 좋은 일이 있을까?"라는 기대로 시작한다면 하루가 기다려 질 것이다.

긍정적인 에너지를 사용하면 할수록 더 단단해지는 근육과 비교할 수 있다. 우리는 일상생활에서 긍정적인 말과 부정적인 말을 본인도 모르게 구사하며 살고 있다.

긍정적인 말과 부정적인 말의 차이를 살펴보자.

(긍정적인 말)	(부정적인 말)
• 물이 아직도 반 컵이나 남았네!	• 물이 벌써 반 컵 밖에 안 남았어!
• 새가 노래한다.	• 새가 운다
• (식당에서) 여기 김치 좀 주세요.	• (식당에서) 여기 김치 없어요?

일반적으로 "오늘은 비가 내려서 낭만적이야!"라고 하는 말이 긍정적인 말이다. "걱정 말아요, 잘될 거예요. 대단하세요. 친절하네요." 등은 긍정적인 말이고, "오늘은 비가 내려 꾸질꾸질하네!"와 같이 "모르겠어. 더럽다. 썩었다. 내 잘못이 아니야." 등은 부정적인 말이다.

두 젊은이의 실화를 소개한다.

두 사람이 같은 날 회사에 입사해서 얼마 지나지 않아 한 사람만 승진하였다. 인사에 불만을 품은 다른 한 사람이 승진을 시켜 주지 않았다고 사장에게 따졌다. 사장은 "당장 시장

에 나가 어떤 물건이 거래 되는지 알아오라."고 시켰다. 그는 얼마 뒤 "농사꾼이 감자를 팔고 있었습니다."라고 대답했다.

사장은 "양이 얼마나 되는가, 가격은 얼마인가?"라고 재차 물었을 때 그는 "그것까지 알아 오라고 말하지 않으셨잖아요."라고 퉁명스럽게 대답했다.

사장은 불만을 품은 직원 앞에서 승진한 직원을 불러 똑같은 지시를 내렸다.

"오늘은 감자 마흔 포대가 거래되고 있고 있었으며, 가격은 한 포대에 이만 원씩이었습니다." 그리고 감자 하나를 내 보이며 "품질에 비해 가격이 저렴합니다. 사두면 이익이 될 것입니다."라고 제안했다. 사장은 불만 가득한 직원을 향해 "왜

자네가 적은 월급을 받을 수밖에 없는지 알겠는가?"라고 말하자 그는 말없이 돌아섰다.

이 일화만 보더라도 긍정적인 사고를 지닌 사람은 행동이 다르다. 평소 긍정적 말을 사용하는 사람과 부정적 말을 사용하는 사람들을 비교하면 행동부터 다름을 알 수 있다.

굿, 미신인가 전통문화인가

문화는 물질문화와 정신문화로 구분할 수 있으며 정신문화는 도덕과 종교, 예술 등이 범주에 속한다 할 것이다. 또한 연대에 따라 현대문화와 전통문화로 구분할 수도 있을 것이다.

포천시는 각종 물질문화인 행사는 넘쳐나지만 전통문화를 계승 발전시키는 뿌리를 찾기 어렵다. 얼마 전 관인면에서 처음으로 냉정리 화적암에서 기원제와 풍년기원제를 시작했다. 옛부터 내려오는 전통을 발굴한 것인지, 또는 전통미를 가미해서 새롭게 각색하여 전통문화를 만들어낸 것인지 아는 바는 없지만, 이제라도 시작했다니 다행이다. 인근 의정부시에서는 회룡문화축제를 거행하면서 타종교가 배척할 수 도 있는 토속신앙을 재현하여 의정부에서는 전통문화를 계승하고 있다.

굿은 비과학적이고 현대정서에 반하는 미신으로 저속문화로 보는 시각이 많으나 최근에는 종교나 사상을 떠나 잊혀져가는

우리의 고유문화라는 측면에서 학문적으로 연구하고 이를 계승하기 위해서 국가 무형문화재로 관리하고 장려를 하고 있다.

"굿"의 단어적 의미는 여러 사람이 모여 떠들썩하거나 신명나는 구경거리로 정의하고 있는데, 무속인들이 샤머니즘이라는 의식뿐만 아니고 온 국민이 하나 되어 필승을 기원하는 응원가도 굿이라고 할 수 있다. 영어식 발음도 '굿(good)은 좋다'라는 의미로 쓰여지는 것을 보면 동서양이 모두 굿이라는 음운은 좋은 뜻으로 사용되는 것 같다.

제주도 영등굿(국가 무형 문화제 71호, 제주칠머리 당굿)과

박석출의 굿은 무속인이 무형문화제 82호로 등록된 사례가 있고 서해안 풍어제 배연신굿과 대동굿 예능 보유자 김금화 등이 무형문화제로 활동하고 있다. 조선시대 서산대사가 지은 회심곡도 부모에게 효도하고, 욕심을 비우고 착한 일을 많이 하고 염불을 많이 하면 극락세계로 간다는 굿형태로 지금도 널리 애창되고 많은 사람들이 선호한다. 옛날 집집마다 어머니가 정화수를 떠놓고 비는 것도, 기우제를 지내는 것도, 자동차를 새 차를 구입하고 고사를 지내고 축원하는 것 모두가 굿에서 유래되지 않았나 생각된다.

포천시에는 왕족들의 태를 봉함했던 곳이 소흘읍 송우리 산 28-3번지 태봉산(향토유적 제18호)이 있다. 신북면 만세교리 산47번지에도 태봉산(향토유적 제23호)이 있는데, 이곳은 조선 21대대 영조소생의 옹주가 1738년 1월 19일 태어나면서 태를 봉안했다는 곳이다. 영중면 금주리에도 태봉이라고 불리는 마을이 있는데, 조선 12대 인종소생의 공주 태를 봉안했다는 것이 전해져 내려온다.

그중 소흘읍 송우리 태봉산은 송림(松林)이 무성하고 경관이 아름답다고 하여 옥녀봉(玉女峰)이라고 하였다. 전해오는 바에 의하면 고려태조 왕건의 소생인 정희왕녀 아지(阿只)의

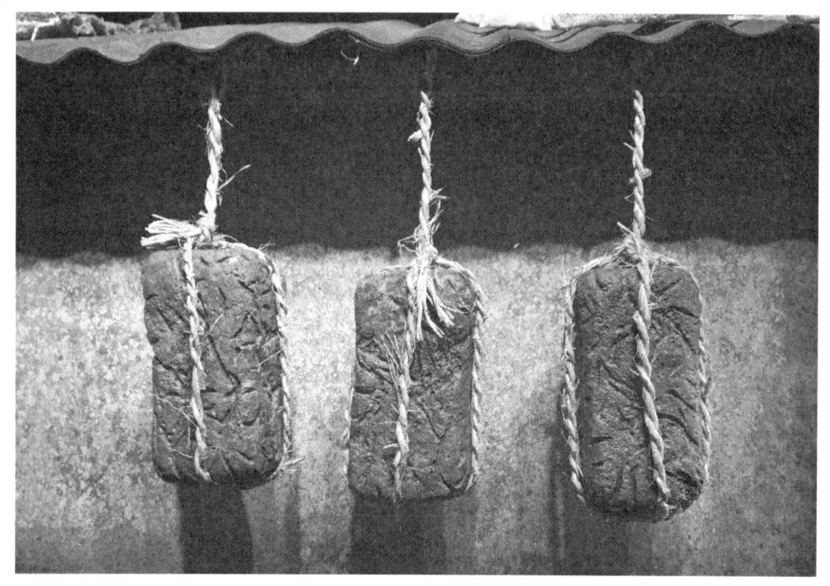

태를 태워 매장한 뒤로 태봉이라 부르게 되었다고 한다.

1986년 4월 포천시 향토유적으로 지정되어 보존되고 있으나 태를 담았던 태항(胎缸)은 도굴되고 석대만 남아있던 곳을 최근에 원통형의 개석을 세워서 명맥을 유지하고 있다.

태봉산은 송우리 주민들이 휴식과 산책공간으로 이용되고 있으며 숲이 깊어 야생 너구리 가족이 사람들을 아랑곳하지 않고 이곳에 둥지를 틀어 기사화되기도 한곳이다.

태봉은 전국각지에 여러 곳이 존재하며 태를 보관했던 항아리를 한자어로 표기할 때 태항이라 하는데 도난당했던 태항을

복원시키는 방안이 강구되어야 할 것이다.

'솔모루넷'의 인터넷 자료에 의하면 해마다 이곳에서 제(祭)를 지냈다는 기록이 나오고 있다. 소흘읍에 거주하는 무속인 신 모(55세)씨는 이산이 너무 영험한 산으로 10여 년 동안 자비로 국운을 빌고 태봉산 자락 주민들의 태평기원을 비는 제를 해마다 봉행하고 있는데 포천시에서 관심을 가지고 태봉굿이 계승되기를 간절히 바란다고 말한다.

굿과 제사문화는 배타적인 종교적 시각, 서양문화와 동양문화의 이질감속에서도 고대와 근대를 아우르면서 현대에 이르기까지 우리의 오랜 정서이고 의식으로 자리매김한 인간의 다양한 욕구나 소망을 비는 전통문화라 할 것이다. 현대에 물질문화만 추구하는 것보다는 사라져 가는 옛문화를 발굴해서 후세에 계승하는 것이 필요한 것이고 '온고이지신(溫故而知新)'이라는 한자성어처럼 옛것을 존중하고 깨달아서 현대에 접목하고 계승하는 전통문화가 보전 발전시키는 방안이 아쉽다.

기능성 고추장

살아가면서 우리생활 주변에는 모든 것이 기능성으로 만들어 지고 있다. 의류에서부터서 식품, 화장품, 음료, 침구 등 기능성 제품 아닌 것 없이 넘쳐난다. 과학문명의 발달로 원숭이 동물실험으로 맞춤형 생명을 탄생시키고 있다.

기능성이란 알기 쉽게 맞춤형이라고 단정 지어도 무방할 것이다. 인간의 존엄성을 상실시키는 행위라서 맞춤형 인간은 실험대상이 적극적으로 활발히 진행되지 않고 있지만 일부 유전자 변형으로 선진국에서는 치료목적에 사용되는 것으로 알고 있다.

서양문물이 들어오면서 양복, 양옥 등 생활습관이 길들여져 적응하고 있지만 유독 먹는 것만은 적응하지 못하고 외국여행시 토속고추장, 김치 등을 휴대하는 것은 우리나라사람이 발효식품이 입맛에 길들여져 있어 의식주(衣食住) 중에 먹는 것

(食)은 쉽게 적응을 못시키는 것 같다.

고추는 17세기부터 우리나라에서 재배된 것으로 추정된다. 고추가 재배되기 시작함에 따라서 김치와 고추장 문화가 형성되었다. 우리나라 고추보다 미국고추, 일본고추, 월남고추 등은 매운맛은 몇 배 강하지만 아미노산이나 당도는 떨어져 외국산고추로 담근 고추장은 미각이 떨어지며 국산 고추와 비교되지 않는다고 한다.

얼마 전 TV에서 고추장도 기능성으로 변해간다는 프로그램을 본 적이 있다. 기존에 우리가 전통적으로 담가오던 고추장은 기본 찹쌀로 쑨 죽에 메주가루, 고춧가루, 소금, 엿기름(길금가루), 조청 등을 사용하는데, 요즘엔 면역력증진과 기력회복에 탁월한 효능을 발휘하는 삶은 마늘과 꿀을 첨가해서 기능성 고추장이 만들어진다는 것을 볼 수 있었다.

우리 밥상에 식욕과 소화촉진에 꼭 필요한 고추장은 아무리 외국 음식이 범람해도 쉽게 사라지지 않는 전통발효식품일 것이다.

낮출수록 나를 높여주는 겸손

굴기하심(屈己下心)이라는 말이 있다. 사람을 대할 때 자신을 굽히고 마음을 겸손하게 갖는 것, 스스로 잘난 체 하지 않고 늘 부족하다고 겸손해 하면서 다른 사람을 존경하고 높여주는 마음을 뜻한다.

『주역(周易)』에 "굴기하심으로 나를 낮추어 마음을 겸손히 하면 남들이 존경하게 되고, 굴기상심으로 나를 높이려 한다면 남들은 오히려 무시할 것이다."이라 하였다.

항상 어눌한 듯, 부족한 듯 자신을 낮추며 겸양의 도를 통해 자기 자신의 교만함을 극복하는 일이 무엇보다 중요하다 하겠다.

결국 우리가 살아가는 이 세상은 나를 낮추고 살아가다 보면 상대방과도 척(慽)을 지지 않을 것이며, 상생(相生)의 인연

을 맺게 될 것이라 여긴다.

열아홉의 어린 나이에 과거에 급제를 하여 스무 살에 경기도 파주군수가 된 맹사성(孟思誠 : 1360~1438)은 자만심으로 가득 차 있었다.

어느 날 그가 무명 산사(山寺)를 찾아가 스님에게 물었다.

"스님이 생각하기에 이 고을을 다스리는 사람으로서 내가 최고로 삼아야 할 좌우명이 무엇이라고 생각하오?"

그러자 무명산사 스님은 대답을 하였다.

"그건 어렵지 않지요, 나쁜 일을 하지 말고, 착한 일을 많이 베푸시면 됩니다."

"그런 건 삼척동자도 다 아는 이치인데 먼 길을 온 내게 해줄 말이 고작 그것뿐이오?"

맹사성은 거만하게 말하며 자리에서 일어나려고 했다. 그러자 스님은 녹차나 한 잔 하고 가라며 붙잡았다. 그는 못이기는 척 자리에 앉았다.

그런데 스님은 찻잔이 넘치도록 그의 찻잔에 계속하여 차를 따르는 것이었다.

"스님, 찻물이 넘쳐 방바닥을 적십니다."

하지만 스님은 태연하게 계속 찻잔이 넘치도록 차를 따르고 있었다. 그리고는 잔뜩 화가 나있는 맹사성을 물끄러미 쳐다보며 말했다.

"찻물이 넘쳐 방바닥을 적시는 것은 알고, 지식이 넘쳐 인품을 망치는 것은 어찌 모르십니까?"

스님의 이 한마디에 맹사성은 부끄러움으로 얼굴이 붉어졌고, 황급히 일어나 방문을 열고 나가려고 했다. 그러다가 문틀에 세게 이마를 부딪치고 말았다. 스님이 빙그레 웃으며 말했다.

"고개를 숙이면 부딪치는 법이 없습니다."

지금 우리가 인간관계에 있어 겸손은 자신을 낮추는 것이 아니고 나를 높이는 것이기 때문에 겸손함을 유지해야 한다.

매월당 김시습과 포천고을

매월당 김시습이 세조가 왕위찬탈 시 울분을 참지 않고 과거공부를 포기하면서 관서 · 관동지방을 지나다가 영평 · 포천 지역이 특이해서 그의 나이 26살(1460년) 경, 저서 『사유록』에 「포천고을에서」라는 시를 남겼다.

선현들이 포천을 어떻게 느꼈는지 중요한 자료가 될 것 같아 옮겨본다.

쇠잔한 고을에 사는 사람 적어서
황량한 마을엔 나무만 무성하다.

좋은 바람 보리밭을 스쳐가고
가는 비는 마음 위를 지나간다.

길 작으니 사람 발자취 끊어지고
산이 둘러싸여 골짜기 으슥하구나!

가고 갈수록 봉우리는 그림 같은데
가고나면 근심이 풀어지리라.

당시의 영평 · 포천 지방의 분위기를 잘 말해준다. 마을의 기운이 쇠잔하고, 숲이 우거져 있다. 농사짓는 모습이 보이고, 산이 둘러싸인 모습이 눈에 선하다. 김시습은 발걸음을 재촉하고 있는데, 무언지 모를 근심이 들어있던 근심이 서서히 풀어지고 있다.

김시습은 우리 국문학사에 매우 중요한 『금오신화』를 남겼다. 『금오신화』는 경상북도 구미시에 위치한 금오산에서 쓴 것으로 알려져 있는데, 「만복사저포기(萬福寺樗蒲記)」, 「이생규장전(李生窺墻傳)」, 「취유부벽정기(醉遊浮碧亭記)」, 「남염부주지(南炎浮洲志)」, 「용궁부연록(龍宮赴宴錄)」 등 다섯 편의 소설이 들어있다. 이들 소설의 내용은 모두 비현실적인 내용으로 한국전기체소설의 효시로 평가받고 있다.

「만복사저포기(萬福寺樗蒲記)」는 실재 존재했던 전라남도 남원의 만복사를 배경으로 한 소설로 노총각이 늙어가는 것을

서러워하며 저포놀이(주사위놀이)를 하는 이야기다.

「이생규장전(李生窺墻傳)」은 학당에 다니던 이생은 우연히 최랑을 만나고 사랑에 빠지나 부모의 반대로 헤어진다는 이야기로 당시의 유교적 상황에도 파격적으로 최랑이란 여인이 먼저 사랑을 고백하는 내용이다.

「취유부벽정기(醉遊浮碧亭記)」는 상인인 홍생이 술에 취해 평양의 부벽루에 올랐다가 한 여인과 만나 서로 시를 주고받는다는 내용이다.

「남염부주지(南炎浮洲志)」 과거에 급제하지 못하고 집에서 잉여로 지내던 박생이 어느 날 저승사자의 인도로 염라대왕인

염부주에 가게 된다는 이야기다.

「용궁부연록(龍宮赴宴錄)」은 글솜씨가 뛰어나다고 알려진 한생이 용궁에 초대를 받아 가게 된다. 한생은 그곳에서 상량문을 지어 올리게 된다. 이를 본 용왕은 그의 재주를 칭찬하며 연회에서 잘 대접한 후, 용궁 구경을 시켜주고 각종 진귀한 보물을 선물해 도로 세상으로 돌려보낸다는 이야기다.

이들 모두가 비현실적인 이야기로 지금으로 말하만 판타지 소설이다.

포천에 관한 그의 시에 나타나 있지는 않지만 사육신의 한 사람인 포천출신 유응부와 교류가 있었을 것을 추측된다. 세조의 악정에 저항하여 죽은 사육신의 한 사람이었던 유응부 장군과 세조의 악정에 대하여 벼슬을 버리고 팔도를 유람하며 글을 쓴 김시습의 심리상태를 엿볼 수 있겠다.

발명품이 우환의 대상으로

인류가 만든 문명의 이기를 위해 만들어진 제품은 수도 없이 많지만, 이들이 용도가 다하면 폐품이 되어 인류건강에 우환으로 돌아오는 것 또한 심각성을 방치할 수 없다고 본다.

150년 전에 플라스틱이 처음으로 만들어졌을 때, 편리함을 추구하는 많은 사람들은 크게 환영받았다. 그러나 얼마 지나지 않아 우리가 사용하는 수돗물과 어패류 등에서 검출되는 미세플라스틱으로 인해서 인류의 재앙으로 돌아오고 있다.

최근 발표된 자료에 의하면 인간은 매주 신용카드 한 장 분량(5g)의 플라스틱을 먹고 있다고 한다. 김치가 주식인 우리에게는 소금에 들어있는 플라스틱물질을 완전히 제거할 수 있는 해독물질이 없다고 한다. 먹이사슬을 통한 플라스틱이 몸속에 축적되고 엄마에게 축적된 물질이 모유를 통해 아기에게 전달된다는 뉴스는 충격이 아닐 수 없다.

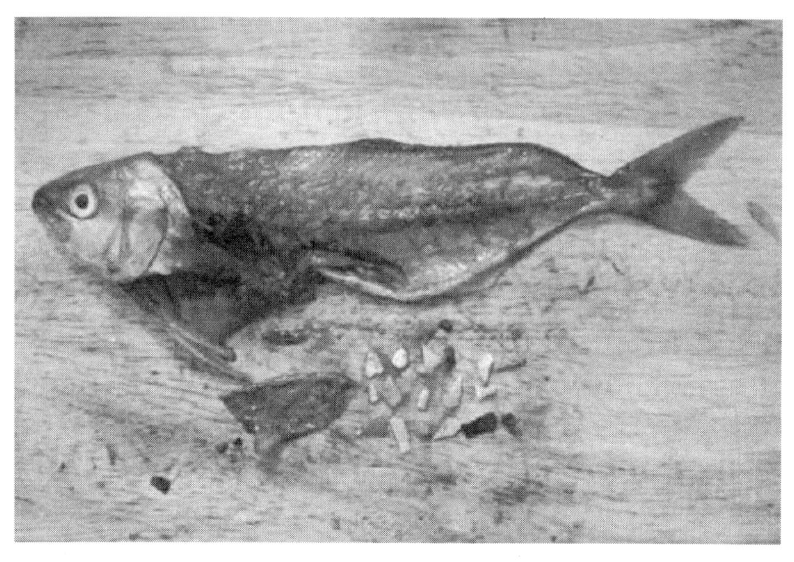

플라스틱이 완전하게 분해되려면 500년 이상 소요되기 때문에 수거해서 소각해야 한다. 우리가 농산물을 생산하는데 비닐멀칭 재배 없이는 농사가 어렵게 된 지 오래다. 토양 속 폐비닐을 완전 수거하기가 어렵고 내다버린 폐품이 바다로 유입되어 포화상태에 이르러 앞으로 30년 후인 2050년 경에는 바다에 플라스틱 량이 물고기보다 많아진다는 전망이 나오고 있다.

바다에서 물고기를 비롯하여 굴, 홍합, 김 등의 양식장의 부표도 모두 플라스틱으로 이것은 선도적으로 정부에서 지원을 해서라도 분해되기 쉬운 대체품목을 보급하는 선진국의 역할이 필요하다고 본다.

플라스틱용기로 전자레인지로 가열하면 환경호르몬이 발생하여 면역체계와 생식기능을 약화시킨다는 것은 이미 알려진 사실이다. 이러한 심각성을 알면서도 편리함을 추구하기 위해 1회용 플라스틱용기를 사용하는 것이 대수롭지 않게 보인다.

소금은 천일염과 정제염으로 구분하고 있으며 소금 맛과 미네랄 등 영양소를 따져볼 때 천일염이 으뜸이라 하지만 불순물 제거가 한계이고 서해와 남해를 비교하면 서해가 플라스틱 물질이 다량 함유된 것으로 나타나고 있다.

조금이나마 미세플라스틱 흡수를 줄이는 방법은 정제염을 섭취하거나 암염제품 등을 이용하는 것이 과학적인 근거라고 할 수 있으며 우리나라에도 판매되는 히말라야 핑크소금이 암염제품인데 바다오염이 없었던 수만 년 전 바다융기현상으로 만들어졌기 때문일 것이다.

바다 위에 떠다니는 플라스틱물질은 대부분 비중이 가벼워서 위로 뜨는데 이것을 제거하는 역할을 할 수 없기 때문에 문제해결 방법은 없고 우리 스스로 흡수를 최소화하는 방법이 최선이라 하겠다.

편리를 위해 만든 플라스틱이 우리의 건강을 위협하고 있다. 포장 재료를 종이나 나무제품으로 만들고 될 수 있으면 시장바구니나 머그컵을 사용하는 실천이 절실히 필요한 때다.

긍정적인 생각

한 회사가 영업부 지원자를 상대로 '나무 빗을 스님에게 팔아오라'는 과제를 부여했다. 그러자 대부분의 사람이 '머리 한 줌 없는 스님에게 어떻게 파느냐?'며 포기했습니다. 남은 사람은 윤씨, 석씨, 전씨 등 세 사람이었다.

면접관이 말했다.

"지금부터 열흘 동안 스님들에게 나무 빗을 팔고 난 뒤 상황을 보고하세요."

열흘이 지나 세 사람이 돌아왔다.

이들의 판매 실적은 각각 빗 1개, 10개, 1,000개였다.

면접관은 1개를 판 사람에게 어떻게 팔았느냐고 물어보았다. 그는 "머리를 긁적거리는 스님에게 팔았습니다."라고 대답했다.

10개를 판 사람에게 물어보니, "신자들의 헝클어진 머리를

단정하게 다듬기 위해 절에 비치해놓으시라고 설득했죠."라고 대답했다. 10개 판 사람은 1개판 사람보다는 확실히 접근 방법이 다르다.

1,000개를 판 사람에게 물어보니, 1,000개를 판 사람은 "열흘이 너무 짧았다며 앞으로 더욱 많이 팔릴 것"이라고 말했다.

그는 빗을 머리를 긁거나 단정히 하는 용도로 팔지 않았다. 그가 찾은 곳은 깊은 골짜기에 위치한 유명한 절, 주지 스님을 만난 자리에서, 그는 "이런 곳까지 찾아오는 신자들에게 부적과 같은 뜻깊은 선물을 해야 한다."며 "빗에다 스님의 필제로 '적선소(績善梳 : 선을 쌓는 빗)'를 새겨주면 더 많은 신자가 찾아올 것입니다."라고 말했다.

그러자 주지스님은 나무 빗 1천 개를 사서 신자에게 선물했고, 신자의 반응도 폭발적이었다. 그래서 수천 개의 빗을 납품하라는 주문을 받았다는 것이다.

모든 것은 생각하기 나름인 것 같다. 생각을 바꾸면 결과는 엄청나게 달라진다.

나의 생각이 조금만 창의적이고 긍정적이면 내 삶을 바꿀 수 있는 것이다. 스님에게 빗이 필요할까라는 부정적인 사고로는 빗을 팔수가 없었을 것이다. 알래스카 사람이나 에스키모 사람들에게 냉장고를 팔 수 있다고 생각하는 사람은 드물었을 것이다. 냉장고를 온도를 올려 온장고기능으로 조정하고 냉동실은 냉장실로 조정해서 냉장고에 보관하는 모든 것을 365일 일정한 온도로 유지하기 때문에 언제든 신선한 야채나 고기를 얼리지 않고 빠른 시간 내에 요리할 수 있다고 설득해 실적을 올렸다고 한다.

우산도 비 오는 날에만 사용했으나, 적극적 사고를 지닌 영

업맨이 햇볕이 따가운 날 우산을 쓰면 더위를 막을 수 있도록 착안하여 양산이 만들어졌다.

어떤 것이 무엇으로 쓰일지 필요한지를 깊이 있게 생각을 한다면 좋은 결과가 나올 것이다.

2부
마중물

벼락의 의미

벼락은 낙뢰(落雷) 또는 벽력(霹靂)이라는 단어로 번개(우레)는 하늘에서 일어나지만 벼락은 땅에 떨어지는 것으로 구분한다.

나는 매일 같이 천보산(天寶山)에 등산을 다니며 운동하고 있는데 조금 일찍 산행한 어른께서 몇 미터 앞두고 벼락을 목격했다 전했다. 현장을 확인한 결과 그 위력은 직경 30cm의 참나무가 갈기갈기 찢겨져 나가고 또 한곳

은 반경 60~70Cm 넓이로 낙엽이 타들어 간 것을 바라보면서 벼락피해를 당할 수도 있는 확률을 생각하며 악방봉뢰(惡傍逢雷 : 죄지은 사람 옆에 있다가 벼락을 맞았다는 뜻)라는 사자성어를 떠올려 본다.

예전에 TV 프로그램에서 벼락을 일곱 번이나 맞은 '로이 설리반'이라는 사람의 이야기가 소개되었다.

미국 버지니아주 공원 순찰대원이었던 로이 설리반은 1942년 처음으로 벼락을 맞았고, 1977년 6월 25일까지 무려 일곱 번의 벼락을 맞았다고 한다.

벼락을 맞을 때마다 화상과 같은 부상을 입기는 했으나 다행히 목숨에는 지장이 없었다고 전한다.

꿈에 벼락 맞는 꿈을 꾸면 복권당첨 등 횡재를 하는 길몽으로 기대하는 이도 많지만 '마른 하늘에 날벼락'이니 '벼락맞아 죽을 놈' 등 부정적인 의미로 사용되기도 하고 '벼락부자' 등 긍정적 언어로도 사용된다.

벼락 맞은 대추나무를 벽조목(霹棗木)이라 불린다. 보통나무 토막은 물에 뜨는데 벽조목은 물에 가라앉는 특성이 있다고 하며 이를 지니면 잡귀를 물리친다는 민간신앙이 전해 내려온다. 스님들의 염주(念珠)도 벽조목제품이 최고로 손꼽힌다고 전하며 도장도 벽조목으로 파면 길운이 온다고 알려져 있다.

부처님 오신 날

오늘은 부처님이 오신 날이다. 불교란 부처님의 가르침이며 그리스도가 말한 가르침은 기독교라고 하는 것과 같은 맥락이다.

붓다(Buddha)는 한국에서는 '부처님', 중국에서는 '부도(浮圖)'라 하고 일본에서는 '호도게'라고 부른다. 한자의 불(佛)은 붓다를 표현하기 위한 조자이다.

옛날 우리나라에서는 불교라고 부르기보다는 불법(佛法)이라는 말을 더 많이 사용했는데, 이는 불법의 권위는 왕법, 즉 국가 권력과 대등한 의미로 사용되었다 한다.

"나무아미타불"에서 '나무(南無)'란 '돌아가서 의지한다.'라는 뜻으로 원어 '나마스'가 한자어로 "나무"를 소리대로 옮긴 말이다.

한국의 불교가 처음으로 전해진 것은 고구려 소수림왕 (372년)이다. 그 이래로 불교가 융성하여 해인사의 "팔만대장경" 목각이 보존되어 있는데, 불경은 정확하게 8만4천 법문으로 엄청난 분량으로 구성되어 있다.

석가모니는 시키아(釋迦)족에서 한자로 석가이며 모니는 성자라고 번역되어서 석가모니는 석가족의 성자를 표현한 것이다.

다만 1,600여 년 간을 이어온 법문이 성경처럼 순수한 우리 말로 사용되지 않아 불교계의 현안으로 본다.

부처님 오신 날, 모든 분들이 자비와 광명으로 기쁨과 행복이 가득하기를 기원한다.

궁예와 산정호수

지금부터 1,100여 년 전 918년(무인년)에 태봉국(후고구려)의 임금이었던 궁예가 참수되었다.

궁예가 마지막 운명을 한 곳이 바로 포천시의 북쪽 끝자락 명성산과 망봉산, 망무봉이 있는 산정호수근처다.

명성산(해발 923m)에 있는 산정호수는 이름처럼 아름답다. 그러나 그 이름과는 달리 슬픈 사연이 얽혀 있는 곳이다

명성산(鳴聲山)은 울음산이라고도 부르는데, 전설에 의하면 궁예가 왕건에게 쫓기어 이 산에 피신하여 있다가 피살되었다고 하며, 궁예가 망국의 슬픔을 통곡하자 산도 따라 울었다는 설과 주인을 잃은 부하와 그의 애마가 산이 울릴 정도로 울었다고 하여 울음산이라 했다. 그 울음산을 한자로 표기해서 명성산이라 했다고 전해지고 있다.

궁예는 부하 왕건으로부터 권좌에 쫓겨나 명성산으로 도망쳐 피신해 있다가 배고픔을 참지 못해 먹을 것을 구하러 내려왔다가 발각되어 백성들에게 참수되어 최후를 맞았다고 한다.

포천 출신 김순진 시인의 부친인 향토사학자 김기면(金基冕) 선생이 고증한 전설은 이러하다.

왕건은 번번이 궁예의 군사에게 패하였다. 하루는 왕건이 패졸들과 함께 명성산 근처를 지나는데, 한 시골 농부가 소를 몰며 밭을 갈고 있었다.

"이랴, 이 왕건이 같이 미련한 쇠새끼야!"

이를 들은 왕건이 의아해서 물었다.

"아니 노인장. 어찌 해서 왕건을 보고 그리 미련하다고 하시오?"

그러자 밭을 갈던 농부가 대답했다.

"아니, 왕건이란 놈이 미련하기 짝이 없지 않소? 왜 산 아래서 치대고 제 군사를 죽이면서 궁예에게 덤벼드는 것이요. 저 뒤 고개를 돌아서 치면 궁예가 궁지에 몰릴 텐데. 쯧쯧……."

▲ 산정호수 전경, 뒤쪽으로 명성산이 보인다.

왕건은 무릎을 치며 깨달았다. 그리고 군사를 돌려 지금의 이동의 여우고개 쪽으로 돌아가 궁예의 군사를 배후에서 몰아쳤다. 기습을 당한 궁예의 군사는 뿔뿔이 흩어지고 궁예는 산 아래쪽으로 울면서 달아나다가 왕건의 군사가 쏜 화살을 맞아 전사하였다.

그 이후로부터 궁예가 울면서 달아난 산을 울음산, 혹은 명성산이라 했고, 궁예가 달아나다가 죽은 곳을 패주골1)이라 했

1) 지금의 파주골 순두부가 있는 지역.

으며, 여우 같이 뒤로 돌아 습격을 하였다고 하여 덕재고개를 여우고개라 불렀다고 한다. 강씨 성을 가졌던 부인을 산속에 감추어두고 전쟁에 나갔는데, 그 산을 강씨봉이라고 부른다.

산정호수의 위치는 625전쟁이 일어나기 전까지 38선 이북의 땅으로 김일성의 별장이 있었다고 전해지며, 그 경치와 풍광이 아름답기로 유명하다.

산정호수(山井湖水)는 말 그대로 산속우물이란 뜻으로, 1925년 일제강점기에 농업용수를 공급하기 위하여 축조된 인공호수다. 지금은 호수주변에 둘레길을 만들어 산책하기 좋게 잘 가꾸어져 있다. 산정호수로부터 조금만 더 북쪽으로 가면 철원분지가 나온다. 주위에는 800m에서 1,100m에 이르는 높은 산들이 참 많다.

궁예가 왜 철원을 도읍으로 잡았는지를 알 수 있을 것 같다. 한탄강을 끼고 엄청난 평야가 펼쳐져 있고 오성산, 대성산, 백운산, 백암산, 광덕산등과 같은 높은 산들로 막혀있는 천연요새다. 옛 태봉국의 궁터자리는 DMZ 안이라서 지금은 들어갈 수가 없다.

918년 6월 태봉국의 임금이었던 궁예가 백성들에게 잡혀 죽게 됨으로써 그의 부하였던 왕건에 의하여 고려라는 새로운 왕조가 시작된다. 왕건이 건국한 고려는 건국이후 18년이 지나 935년 후백제와 신라가 흡수됨으로서 한반도의 통일국가를 이루게 된다.

그러면 궁예는 어떤 사람이었을까? 660년에 백제를 멸망시키고, 668년에 고구려를 멸망시키며, 676년에 당나라군을 몰아낸 신라는 한반도의 최초의 통일 국가가 되었다. 그리고 통일신라는 200년 이상 태평세월을 보냈으나 제51대 진성여왕(재위 887~897)의 문란한 행실과 실정으로 국가재정을 위태롭게 했다. 이로 인하여 민심이 동요되고 전국 방방곳곳에서는 농민반란이 일어났다 .

그 무렵 궁예는 신라의 헌안왕 또는 경문왕 때 몰락한 진골귀족출신 후손(857년?)으로 태어난 것으로 알려져 있다. 궁예는 태어날 때부터, 나라에 해를 끼칠 사람이란 예언과 함께 모진 인생역정이 시작되었다

데려가서 죽이라는 명을 받은 사람이 다락 밑으로 던졌는데 젖 먹이던 유모가 우연히 이 아이를 받게 되었는데 그 과정에서 실수로 눈을 찔러 한 쪽 눈이 실명되었다고 한다. 유모가

▲ 숭덕광시 : 덕을 숭상하며 사업을 시작하라.

몰래 키우면서 10살이 넘어서도 미친 행동을 계속하자 앉혀 놓고 훈계를 했다고 한다.

그 이후 궁예는 키워준 어머니 곁을 떠나기로 작정하고 집을 나서 강원도 영월에 있는 세달사[2]로 갔다. 나중에는 승려가 되어 스스로를 선종(善宗)이라 불렀다고 한다.

2) 나중에 흥교사로 이름이 변경되었다.

궁예는 901년부터 918년까지 재위하였는데 처음에는 901년에 후고구려란 이름으로 나라를 세우고, 904년에 '마진'이리 국호를 바꾸었다가 911년에는 '태봉'으로 국호를 또 변경하면서 18년 간 임금으로 재위하였다.

그러면 궁예는 왜 권좌에서 쫓겨났을까? 궁예는 자기 스스로를 미륵불이라 하여 과신을 하여 나중에는 상대의 마음까지도 읽을 수 있는 관심법(觀心法)을 터득했다고 한다

915년 자기 부인 강씨가 옳지 못한 일을 많이 한다고 궁예한테 충언을 했다. 그러자 이에 미운 감정을 참지 못하고 다른 남자와 간통을 했다는 죄를 덮어 씌워서 불로 달군 쇠꼬챙이로 음부를 찔러 죽였다. 또한 장남 청광보살, 막내 신광보살 두 아들까지도 함께 죽일 정도로 궁예는 미치광이 짓을 했다.

지도자는 자기자만에 빠지거나 독선적으로 변하면 결국 화를 당한다는 역사적인 큰 교훈을 남겼다. 지금도 이러한 역사적 교훈을 잊고 통치를 한 지도자들의 말로는 모두 비운으로 끝났다.

상추의 효능

‘상추는 문 걸어 잠그고 먹는다.’라는 속담처럼 중국뿐 아니라 고려 때부터 식용과 약재로 써왔던 기능성 채소다.

『동의보감』에는 ‘오장을 편안하게 하며 기가 막힌 것을 통하게 한다’고 나와 있다. 옛날에는 상추 씨앗이 귀해서 상추 씨앗을 살 때 천금을 주고 샀다 하여 상추의 또 다른 이름은 일명 천금채(千金菜)라고도 불린다.

상추 밭에는 벌레가 가까이 하지 못하며 조상들은 장독대 옆에 상추를 심어서 뱀과 벌레를 퇴치하였다는 이야기가 전해 내려오는데 이것은 유황성분이 많이 들어 있기 때문이다. 또, 상추에는 철분이 함유되어 있어 혈액생성에 도움이 되어 빈혈 환자에게 좋으며, 구리도 들어 있어 철과 함께 조혈에 도움이 된다고 한다.

비타민과 무기질이 풍부하며 줄기의 흰 즙액은 진통과 최면

효과를 내어 숙면에 도움이 된다.

상추는 소변불리, 혈뇨, 유즙불통 등을 치료하고 오장을 이롭게 하며 경맥소통하게 하고 알칼리성 식품이므로 산성식품인 육류를 먹을 때에 샐러드나 쌈으로 먹으면 좋다. 상추는 칼로리가 적고 비타민과 무기질이 많아 다이어트에도 좋다. 상추를 먹으면 일시적으로 잠시 졸음은 오지만 그 이후에는 머리가 맑아져 오히려 총명하게 되며 열이 솟구쳐 나타나는 두통을 가라앉히는 효과가 있다. 특히 하얀색 상추는 더 차갑고 붉은색 상추는 덜 차가운 성질을 갖고 있다.

요즘처럼 가슴이 답답한 일이 많아 속에 화병이 돋을 때 상추를 먹으면 진정효과를 볼 수 있으며 가슴의 화병을 풀어주는 작용을 하는 좋은 식품이기도 하다.

요즘은 비닐하우스에서 겨울철에도 상추가 생산되어 유통되고 있는데, 노지재배 상추는 우리 몸에 이로운 하얀 즙이 나오는데, 비닐하우스에서 재배한 상추는 하얀 즙이 극소량으로, 제철에 생산되는 노지재배 상추를 섭취하는 것이 중요하다.

옛날에는 상추가 정력을 북돋워준다 하여 서방에게 은근히 상추를 대접했다고 하며, 상추의 하얀 즙이 마치 남성의 정액과 비슷하다 하여 '은근초'로 불려지기도 했다.

모성애와 종족번식본능

지구상에는 모든 생명체가 종족을 거느리고 있고 번식을 위해 누가 알려주지 않아도 본능적으로 환경에 적응하려고 끊임없이 진화하고 변화해서 종족번식에 온힘을 기울인다.

식물에 경우 꽃이 화려한 자태와 향기로 곤충이나 새들이 꿀을 먹잇감으로 유인하여 꽃가루를 옮겨서 번식하게 한다. 민들레는 씨앗에 깃털을 달아 작은 바람에도 멀리 날아갈 수 있도록 진화되었다.

새에 경우는 수컷이 암컷에 더 잘 보이게 하기 위하여 춤도 추고 아름다운 목소리로 암컷을 유인해서 번식에 성공한다.

도토리는 높은 나무에서 열매가 맺혀 땅에 떨어지면 멀리 구룰 수 있도록 둥글게 진화하였다. 반면 도깨비풀은 짐승이나 동물 털에 잘 붙을 수 있도록 씨앗에 갈고리처럼 모양이 만들어 져 씨앗을 옮겨 주도록 진화하였다.

"손대면 톡하고 터질 것만 같은 그대 봉선화라 부르리"라는 <봉선화 연정>의 노랫말처럼 봉선화 꽃의 씨앗주머니는 무르익으면 스스로 톡 터지면서 씨앗이 튀어나와 번식한다. 그래서 영어로 Garden Balsam으로 번역하는데 대역해서 "Touch me not, 만지지 마세요."로 불리기도 한다.

1999년에는 한수이북에 집중호우로 포천 · 연천 · 파주지역에 엄청난 수해 피해가 있었다. 이곳에서 메추리를 키우고 있는 농가에도 물에 잠기어 모두 폐사하였는데 살펴보니 모든 메추리의 꽁무니에는 메추리알이 볼록하게 달려있었다는 말을 들었다. 긴급한 상황에서 마지막 죽어가는 새들이 종족을 번식하려는 것은 알을 낳는 것 밖에 없기 때문이다.

달팽이는 3-6시간 사랑을 나누는 것을 관찰하고 프랑스 사람들이 달팽이 요리를 즐겼다고 전해져 내려온다. 달팽이는 암수생식기가 모두 한 몸에 달려 있어 서로 씨를 주고받을 수 있는 특성을 가지고 있기 때문에 모든 달팽이는 알을 낳을 수 있는 것이 특징이다.

또한 문어는 종족번식을 위해 바다 깊은 곳에서 4년 반 동안이나 알을 품고 있는 것을 목격하였다고 한다. 문어 알이 새끼로 부화할 때까지 오랜 시간 알을 품고 있으면서 활동을 멈추고 몸이 쇠약해져 어미로서의 생을 마친다고 전해져 내려온다.

회귀성 어종인 연어는 민물에서 태어나 2-3개월만 지내다가 바다에서 성장하고 산란기가 되면 자신이 태어난 강으로 물냄새를 기억하고 찾아와 일생에 오직 한번 산란하고 수컷이 체외수정을 거쳐 같이 죽어 가는데 알에서 부화된 새끼들은 어미의 살을 뜯어 먹으며 성장하기 때문에 모성애가 강한 물고기로 알려져 있다.

가물치 요리점에 가서 식사 주문을 하면 가물치를 건져 올려 세멘 콘크리트 바닥에 내동댕이쳐서 기절시킨 후 해체 작업에 들어간다. 그만큼 생명력이 강하다는 것을 알 수 있다. 가물치는 일반 물고기처럼 아가미로 호흡을 하지만 물 밖에서도 보조호흡기관을 이용해서 호흡하기 때문에 습도가 많을 때에는 늪을 기어 다니고 버드나무가지에서 3일간을 견딜 수 있을 정도로 호흡기관이 잘 발달되어 있다고 한다. 먹이로는 물고기, 수서 곤충, 개구리를 먹고 사는데 성어가 되면 한 번에 개구리 10마리를 잡아먹을 정도로 왕성한 식욕을 갖추고 있고 먹이가 없을 때는 약육강식의 세상을 같은 종족끼리 벌여 가물치를 잡아먹고 사는 것이 특징이다.

가물치는 알을 낳은 후 바로 실명하는데 그 후 먹이를 찾을 수 없어 배고픔을 참아야 하는데 알에서 부화되어 나온 새끼들이 어미가 굶어 죽지 않도록 새끼들이 어미 입안으로 들어가 어미의 생명을 연장하는 수단으로 활용되어 모성애는 하나도 없고 새끼들이 오히려 효성이 지극한 생물로 특징이 있다.

모든 동물들은 스스로 살아가기 위해 태어나자마자 바로 걷는다. 그런데 인간만은 혼자 자랄 수 없다. 부모님의 보살핌이 없다면 살 수 없는 것이다. 그래서 밤잠을 설치며 육아를 해 적어도 스무 살이 넘어야만 독립할 수 있는 인간에게는 효도란 말이 존재하는 것이다. 가정의달이라고 하는 5월에 부모님을 생각해본다.

생사를 같이할 수 있는 우정

문경지교(刎頸之交)는 목이 베이는 걸 대신해줄 수 있는 친구라는 뜻으로 생사를 같이할 수 있는 매우 소중한 벗을 가리키는 말이다.

오성과 한음은 친구 사이로 봉이 김선달처럼 많은 설화가 전해지고 있는데 죽마고우처럼 어릴 적 같이 자란 친구는 아니고 문경지교 관계라고 일컬어진다.

오성과 한음, 두 사람이 처음 만난 것은 과거시험 봤을 때다. 한음이 5살 아래고 오성은 서인, 한음은 동인이었다. 두 사람은 파벌이 있었을 때도 당파를 뛰어 넘는 우정을 과시한 막역한 사이를 유지하였다. 영의정 관직까지 이어받을 정도로 뛰어난 인물들로 평가받고 있으며 두 사람 모두 임금에게 소신을 굽히지 않고 직언하다가 유배당한 인물들로 후세에 전해지는 절친한 친구들이었다.

오성과 한음에 뒤지지 않는 사람들이 있었으니, 옛날 중국의 '노요'와 '마력'이 그들이다. 그 둘은 친구 사이로 노요는 부자집 아들이고, 마력의 아버지는 노요네 집 하인으로 있었는데 같이 공부하고 친교도 두터운 사이로 지냈다.

어느덧 장성하여 혼인시기가 도달하였다. 그중 하인의 아들이었던 마력은 빈곤하여 예물을 보낼 수 있는 비용이 없어서 노요에게 도움을 청했는데, 노요는 돈을 빌려주는 대신에 신혼방에서 자신이 마력대신 3일 밤을 지낸다는 조건을 내걸었다.

마침내 혼인 나흘째 되는 날 마력이 신혼방에 들렀으나 아내를 빼앗긴 마음이 아파 베개를 끌어안고 바로 잠자려 했다.

그런데 사흘이 자나자 신부가 말했다.

"서방님, 어찌해서 처음 사흘은 밤새 앉아서 책만 보시더니 오늘은 홀로 잠드시려 하십니까?"

마력은 그제서야 노요가 장난친 것을 크게 기뻐하였다. 집안이 가난한 마력은 과거에 급제하여 관직이 아주 높게 올랐으나 상대적으로 노요는 재산을 탕진하고 궁핍한 지경이 되었다.

노요가 옛적에 도와준 마력을 생각하고 한양으로 도움을 청하러 갔는데 마력은 듣는 척도 하지 않았다.

며칠 후 노요는 풀이 죽어 집으로 돌아갔는데 노요를 본 가족들은 깜짝 놀라며 크게 기뻐하였다. 사정을 들어보니 마력이 사람을 시켜서 관(棺)을 보내며 노요가 한양에서 급병을 얻어 약도 못쓰고 죽었다는 것으로 관 앞에서 대성통곡을 하고 있었던 중이었다.

이 관은 뭔가 하여 열어보니 재화가 가득했고 편지가 쓰여 있었다.

"노형, 우리 신혼 3일을 지켰으니 나도 형수님을 울게 하였소."

참 아름다운 우정이다. 여기서 유래된 '노요지마 사구견인심(路遙之馬 事久見人心)'이라는 한문성어가 전해지는데 직역하면 '길이 멀면 말의 힘을 빌리고 긴 세월이 지나면 사람의 마음을 본다.'라는 뜻인데, 훌륭한 교우관계를 이룬 모범적인 인생스토리가 전해지고 있다.

난의 향기와 같은 우정에 감동한다.

잘못 사용되는 말

동아제약은 '박카스'라는 드링크제를 광고할 때 '피로회복'이란 단어를 사용한다. 하여 우리말 사전에도 피로회복이 통용되고 있는데 '회복'이라는 단어는 '원래의 상태로 돌아간다.'라는 뜻으로 '건강회복'을 잘못 사용하는 말이다.

"깨끗하고 단정하지 못한 것."을 "칠칠하지 못하다."라고 표현해야 하는데 '칠칠맞다.'라고 표현하는 사람들이 있는가 하면"들어오면서 문 닫아라"라는 표현을 "문 닫고 들어와라"라는 표현은 잘못 사용되는 것(문을 닫은 후에는 들어올 수 없는 것임)이고 "손들고 꼼짝 마!"라는 표현을 "꼼짝 말고 손들어!"라는 표현도 잘못 통용되는 언어다.

시대가 변하면 언어도 변화한다. 시대변화에 따라 새로운 것이 만들어지는 과학문물 뿐만 아니라 새로움을 추구하는 세대에서 은어, 속어, 축어 등을 사용하여 언어로 만들어 사용하면서 젊은이 층이 사용하는 신조어들을 자주 접하게 되고 기성세대들도 이를 이해해야 5060세대라는 말을 듣지 않을 정도로 범람하고 있어 소개하고자 한다.

시발음주 : 내가 스트레스를 받지 않으면 마시지 않았을 술

금수저 : 돈 많고 능력 있는 좋은 가정환경과 조건을 가지고 태어난 사람. (반대말 : 흑수저)

N 포세대 : 취업난, 물가상승 등 사회적 압박으로 연애, 결혼, 출산 등을 포기하는 청년세대.

오포시대 : 생활고 때문에 연애, 결혼, 출산, 인간관계, 주택

구입 등 다섯 가지를 포기한 세대.

인구론 : 인문계 졸업생의 90%는 논(론)다의 준말.

욜로(yolo) : '한번 뿐인 인생을 멋지게 살아간다.'라는 영어 'you only live once.'의 약자.

헬조선 : 헬(hell : 지옥)과 조선(한국)의 합성어.

캥거루족 : 자립할 나이가 되었는데도 부모에게 경제적으로 의존해사는 젊은 세대.

빨대족 : 30대 이후에도 독립하지 못하고 부모의 경제적 도움에 기대어사는 사람.

뇌색남 : 뇌가 섹시한 남자, 주관이 뚜렷하고 언변이 뛰어나며 지적이고 매력 있는 남자.

맛저 : 맛있는 저녁.

디공포 : 통화축소에 따라 물가하락, 경제활동 침체 등 종합적 침체현상에 대한 공포.

모르밍족: 제품을 매장에서 살피고 선택해서 모바일로 구입하는 사람.

꼬들남 : 꼬시고 싶은 돌아온 싱글 남자.

금사빠녀 : 금새 사랑에 빠지는 여자.

아케아세대 : 뛰어난 스펙을 갖추고 있으면서 낮은 급여와

고용불안에 시달리는 젊은 세대.

지여인 : 지방대학을 나온 여자로 인문대를 나와 취업이 어렵다는 말.

취업깡패 : 다른 학과보다 취업이 잘되는 학과.

완얼 : 나무랄 데 없는 완전한 얼굴.

소금남 : 피부가 희고 쌍꺼풀이 없으며 큰 키에 마른 몸매를 지녀 여린 소년의 느낌을 주는 남자.

껌딱지녀 : 애인에게 들러붙어 잠시도 떨어지지 않는 여자.

세젤예 : 세상에서 젤 예쁜 여자.

펫팸족 : 반려동물(pet)과 가족(family)의 합성어. 반려동물을 가족같이 귀중한 존재로 여기는 사람.

부로맨스 : 브라더(brother)와 로맨스(romance)를 합친 말로 남자들 끼리 갖는 매우 친밀한 관계를 일컫는 신조어로 2018년 남북정상회담 시 온라인 뉴스에서 사용된 단어.

386세대 : 386컴퓨터에서 유래된 말로 90년대 30세, 80년대 대학 다니고 60년대 태어난 세대로 어려움을 모두 경험한 사람.

5060세대 : 전쟁 직후 태어난 1954년 이후에 출생한 세대로 한국의 경제성장을 주도한 근대화세대로 농경 사회에서 산업사회로 그리고 정보화사회로 변화하는 한국사회의 모든 과정을 경험했던 세대.

N세대 : 네트워크 세대라는 의미를 지니며 1977년 이후 태어난 세대로 인터넷을 자유자재로 활용하여 가상공간을 삶의 주요 무대로 인식한 세대.

S세대 : 싱글(Single)과 솔로(Solo)의 이니셜인 S를 세대와 결합하여 만들어졌으며 80년대에 태어난 풍요롭게 어린 시절을 보낸 세대. 일본에서는 90년대 경제적 불황이 계속되면서 슬럼프(Slump)에 빠진 청소년 세대를 뜻하는 말로 사용되기도 했다.

방송에서 아나운서들조차 신조어를 사용하는 세상이다. 이들 신조들은 시대의 흐름에 따라 생성되고 소멸될 말이다. 합성하거나 축약하더라도 좀 더 아름다운 말을 선택하는 지혜가 필요한 때이다.

신북찬가(新北讚歌)

왕방산 기슭 따라 꿈이 서린 곳
국사봉 푸른 봉에 희망이 솟네
슬기지혜 가득한 포천의 영지
여기저기 명당지기 산재하였네

면암의 넋을 이은 충절의 고향
인심이 후덕하고 문화도 많네
학문과 충의는 우리의 바탕
조상의 의로운 뜻 높이 받드세

열두개울 산내천 깊이울 계곡
대대로 물려받은 아름다운 터
자손만대 나날이 번영 누릴 곳
유구한 역사이어 살찌워주세

이 글은 필자가 신북면장으로 재임할 당시(1997-1998)에 지은 「신북찬가」로 서예가 김성희 선생의 글씨로 현재 신북면사무소 광장에 설치된 석조물에 새겨져 있다.

나는 신북면을 사랑한다. 신북초등학교를 사랑한다. 신북면에서 태어난 사람, 살고 있는 사람, 살았던 사람 등 신북인들 모두가 행복하길 바란다.

예쁘고 순수한 우리말

뜻을 알면 더 예쁜 우리말이 많이 있는데 이게 정말 우리말이 맞기는 한 건지 생소한 단어들이 많다. 예를 들어보자. 우선 1년 열두 달에 대한 예쁜 말을 소개한다.

해오름달 : 1월, 새해아침에 힘 있게 오르는 달.

시샘달 : 2월, 잎샘추위와 꽃샘추위가 있는 겨울의 끝달.

물오름달 : 3월, 산과 들에 물이 오르는 달.

잎새달 : 4월, 물오른 나무들이 저 마다 잎 돋우는 달.

푸른달 : 5월, 마음이 푸른 모든 이의 달.

누리달 : 6월, 온 누리에 생명의 소리가 가득 넘치는 달.

견우직녀달 : 7월, 견우직녀가 만나는 아름다운 달.

타오름달 : 8월, 하늘에서 해가, 땅위에선 가슴이 타는 정열의 달.

열매달 : 9월, 가지마다 열매가 맺는 달.

하늘연달 : 10월, 백두산(박달뫼)에 아침의 나라가 열린 달.

미틈달 : 11월, 가을에서 겨울로 치닫는 달.

매듭달 : 12월, 마음을 가다듬는 한해의 끄트머리 달.

다음은 비에 대한 우리말이다.

가랑비 : 조금씩 내리는 비로 이슬비보다는 굵으나 가늘게 내리는 비.

가루비 : 가루처럼 포슬포슬 내리는 비.

잔비 : 가늘고 길게 내리는 비.

보슬비 : 바람 없이 조용히 내리는 비.

일비 : 봄비를 지칭하는 말로 봄에는 할 일이 많기 때문에 비가 와도 일을 한다는 뜻.

잠비 : 여름에는 바쁜 일이 없어 비가 오면 낮잠을 자기 좋다는 뜻.

꿀비 : 마침 비가 필요할 때 농사짓기에 적합하게 내리는 비.

떡비 : 추수가 끝나 떡을 해먹으면서 쉴 수 있다는 뜻.

술비 : 농한기라 술을 마시면서 놀기 좋다는 뜻.

도둑비 : 예기치 않게 밤에 몰래 살짝 내린 비.

다음은 사람에 관한 우리말을 소개한다.

가시버시 : 아내와 남편.

그린내 : 연인.

그린비 : 그리운 남자.

단비 : 사랑스러운 여자.

바람에 관한 아름다운 우리말도 많다.

마파람 : 남쪽에서 부는 바람.

하늬바람 : 서쪽에서 부는 바람.

샛바람 : 동쪽에서 부는 바람.

된바람 : 북쪽에서 부는 바람.

다음은 모양이나 현상을 나타내는 아름다운 우리말을 소개할까 한다.

솔찬 : 소나무처럼 푸르고 옹골찬.

아람 : 탐스러운 가을햇살을 받아 저절로 충분히 익은 과실.

다복다복 : 탐스럽고 소박한 모양.

가랑가랑 : 물이 많이 담겨 가장자리 까지 찰듯하다.

윤슬 : 햇빛이나 달빛을 받아 반짝이는 잔물결.

그루잠 : 잠간 깨어 있다가 다시 든 잠.

꽃잠 : 편안하고 기분 좋은 잠.

함초롬하다 : 물에 젖거나 물기가 서려 있는 모습이 가지런하고 차분하다.

다솜 : 사랑, 애틋한 사랑.

단미 : 달콤한 여자, 사랑스런 여자.

소미 : 솜과 같이 부드러운.

아란 : 아름답게 자라나는.

아스라이 : 기억이 분명하게 나지 않고 가물가물하게 분명하지 않음.

달보드레 : 달달하고 부드럽다.

너나들이 : 터놓고 허물없이 지내는 사이.

미쁘다 : 믿음성이 있다.

꽃가람 : 꽃이 있는 강.

선바람 : 지금 차려입은 그대로의 차림새.

꽃무덤 : 아까운 나이에 죽은 젊은이의 무덤.

모도리 : 빈틈없이 아주 야무진 사람.

이울다 : 꽃이나 잎이 시들다.

깨단하다 : 오랫동안 생각해 내지 못했던 일을 깨닫다.

늘품 : 앞으로 발전할 품질이나 품성.

아무리 아름다운 말이라도 사람들이 자주 쓰지 않으면 아름다운 말이라 할 수 없다. 아름다운 우리말, 시에서 수필에서 일상에서 자주 써주어야 할 것 같다.

욕(辱)

공동체 생활을 하면서 화가 치밀 때나 남을 헐뜯을 때 욕말을 사용하게 되는데, 모욕적인 언사를 줄여서 욕이라 한다. 현재는 다양한 표현으로 사용하지만 옛날에는 형벌적인 표현으로 욕을 사용했다고 전한다.

'우라질 놈'은 '오라질 놈'이 변한 것으로 오라는 죄인을 포박하는 줄을 가리키는 말이고 조금 약한 표현으로 '경(黥)을 칠놈.'라는 표현을 지금도 시골노인들은 사용하고 있는데 경형(黥刑)은 중국에서 행하던 형벌로 얼굴에 전과자임을 표시하는 반흔문신(瘢痕文身)에서 유래된 엄청 무서운 욕이다.

'주리틀 놈'은 고전영화에서 나오듯이 두발을 꽁꽁 묶어 놓고 그 사이에 지렛대를 박아 틀어대는 고문이며, '박살낼 놈'의 박살(搏殺)은 멍석에 사람을 둘둘 말아서 몽둥이로 때려죽이는 중국의 형벌에서 유래된 것으로 광복이후에도 시골동네

에서 멍석말이로 곤장을 치고 회개할 수 있도록 하는 관습이 행해진 것으로 필자도 기억하고 있다.

'육시랄(할) 놈'의 육시(戮屍)는 시체를 꺼내어 두 번 죽이는 참형(慘刑)으로 무서운 욕에 속한다.

이와 같이 욕의 뜻을 알고는 감히 사용하지 못할 말들이 많다. 우리 사회에서는 이 욕들을 아무렇지 않게 사용하고 있는데 이참에 뜻을 음미하면서 언어순화에도 한몫 이바지했으면 좋겠다.

유익한 식물, 칡

옛날 대장장이가 창과 방패를 팔고 있었다. 창을 팔 때는 어느 방패도 꿰뚫을 수 있는 최고의 예리한 창이라 자랑하고, 어느 창도 막아낼 수 있는 견고한 방패라고 자랑하며 팔았다. 거기에 기인하여 앞뒤 말이 맞지 않는 것을 모순(矛盾)이라고 하는데, 원래의 뜻글자인 창모(矛)자와 방패순(盾)자를 사용한다.

한자의 뜻과 다르게 사용되는 유사한 단어가 갈등(葛藤)이라는 단어가 있다. 이는 칡과 등나무라는 뜻인데, 칡은 오른쪽으로 감아 돌고 등나무는 왼쪽으로 감고 돌아 성질이 다른 덩굴이 서로 얽히면 풀기가 어렵다 하여 서로 다른 견해와 주장을 하는 것을 갈등이라 표현했는데 옛날 어른들의 통찰력에 놀라움을 금할 수 없다.

옛부터 산속의 진주라고 불려졌을 정도로 인간에게는 유익

하나 덩굴성 식물로 성장속도가 매우 빠르고 다른 나무를 휘어 감고 올라가 고사시키는 유해식물로 분류 되는 겨울에도 얼어 죽지 않고 생명력이 매우 강하다. 4~5월경 줄기에서 나오는 칡순은 녹용에 버금가는 약효를 지녔다 하여 갈용(葛茸)이라 칭하며 한약재로 널리 사용되기도 한다.

칡의 효능은 『동의보감』에 "칡은 맛이 달며 독이 없고 풍한으로 머리가 아픈 것을 낫게 하며 땀을 내 술독을 풀고 소화 및 뼈에 좋다."라고 쓰여 있다.

술의 독을 풀어주고 간기능 개선에 도움을 준다하여 미국하

버드대학에서 입증되었고, 몸속 중금속 배출효과도 뛰어나다. 인삼에 들어있는 사포닌성분과 혈중 콜레스테롤 감소로 노화 방지 예방에 도움을 주며 성장호르몬이 함유되어 성장기 어린이에게 좋다. 면역력을 높여주는 좋은 영양소가 들어 있으며 여성에게 좋은 에스트로겐 호르몬이 석류보다 600배 이상 많이 함유되어 있어 중년여성들이 지속적으로 챙겨 먹으면 폐경을 늦추고 골다공증을 예방하며 안면홍조와 불면증에도 좋은 효과가 있는 것으로 알려졌다.

칡뿌리를 갈근이라고 하는데 뿌리에서 나오는 녹말을 갈분이라고 하며 이를 섞어서 칡냉면과 칡국수로 널리 유통되고 있다.

최근에는 '이소플라본'과 '폴리페놀' 성분이 함유되어 있어 항암작용과 항산화성분이 들어 있는 것으로 밝혀졌다.

다만, 칡은 차가운 성질을 지녔으므로 장이 좋지 않거나 몸이 찬 사람은 열을 내는 식품과 혼용해서 복용하는 것이 좋을 듯 싶으며 앞으로 유해식물에서 유익한 식물로 재분류해야 할 듯싶다.

생명체의 변종

지구상의 생명이 없는 무기물에서 물과 산소 등의 영향으로 화학반응을 일으켜서 생명체를 이루는 유기물이 만들어지고 돌연변이를 통해서 생물의 다양성이 약 3,000만종이 존재한다. 지구온난화로 대표되는 기후변화와 해수면의 빠른 상승으로 동식물의 서식환경이 변동되고 먹이사슬이 교란되어 2030년경에는 야생 북극곰이 멸종된다는 예언이 존재하고 있다.

또한 유전자 조작기술을 활용하여 예측하지 못했던 생명체의 탄생으로 이어져 인류의 재앙으로 돌아올 수 있다고 예측하는 과학자들도 있다.

이들 변종이 하루에도 멸종과 생성을 반복하며 윤회를 거듭한다. 아프리카와 파키스탄에 출몰한 메뚜기 떼는 인류의 식량작물 피해가 염려되고 이것이 코로나 바이러스보다 중대한 위협으로 다가올 수 있다.

asics

하지만 산행에서 발견한 버섯이 처음 접하는 것이어서 버섯이 예쁘고 광채가 나는 것은 독이 있다하는데 그래도 너무 예뻐서, 사진으로 남기고자 한다.

처염상정(處染常淨)

연꽃을 상징하는 표현으로 '처염상정(處染常淨)'이라는 사자성어가 있다. 이를 직역하면 '더러운 곳에 처해 있어도 세상 물들지 않고 항상 맑은 본성을 간직한다.'라는 뜻이다.

연잎은 진흙에서 피어나지만 물기가 흡수되지 않고 물방울이 그대로 굴러 떨어져 결코 진흙에 물들지 않고 오염물질도 연잎에 부착되지 않아 청결하고 고귀하여 깨끗함을 유지하기 때문이다. 또한 연꽃을 꽃과 열매를 동시에 나타나는 '화과동시(花果同時)'의 꽃이라고 칭하기도 한다.

사찰에 가면 부처의 좌대를 연꽃으로 장식하여 이를 '연화좌'라고 불리는데 이는 부처가 탄생할 때 연꽃이 부처를 받쳐주었다는 전설이 전해 내려오면서 연화좌가 이어져 왔다.

재심청구가 접수된 화성 연쇄살인 8차 사건을 경찰이 이춘

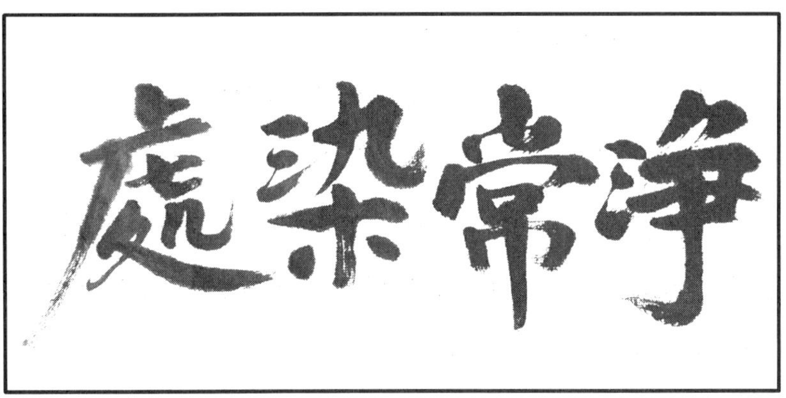

재로 잠정결론을 내린 현시점에서 억울하게 고문, 협박에 못 견뎌 범인으로 거짓 진술하여 무기징역형을 받고 감형되어 20년이란 긴 세월을 옥살이하다 석방된 윤 모 당사자는 얼마나 고통 받고 절치부심(切齒腐心)하며 억울함을 감내하며 살았을까, 무엇으로 국가가 배상한다 한들 만족할 수가 있겠는가?

지금까지 살인 전과자 굴레에서 하루속히 벗어나게 해주고, 사회에서 냉대 받은 이런 사건이 경찰 당사자와 이를 찬찬히 들여다보지 못한 검찰 담당자를 언론이 실명을 밝혀서 다시는 이런 사건이 재발되지 않도록 경종을 울려 주도록 사회 공익적 역할을 다 하여야함에도 잘못을 저지른 당사자들을 밝히려는 노력이 보이지 않는다. 국가에서 예산지원 받는 사회단체들도 실명공개 요구 없이 꿀 먹은 벙어리다. 이와 같은 제2의 사건을 방지하기 위해서는 당시 수사관들의 민낯을 밝혀서 이런 사건이 재발되지 않도록 제도정비도 보완되어야 하며 국가배상에 따른 구상권도 청구해야 할 것이다.

'처염상정'이라는 사자성어처럼 무소불위의 수사 권력이 깨끗한 본성을 되찾고 연꽃처럼 맑고 향기로운 꽃으로 피어나 세상 정화하는 것을 기대해본다.

직접 붓을 잡아 '처염상정'을 써보았다.

눈, 첫인상을 좌우한다

눈은 마음의 창이다. 그리고 눈은 입처럼 이야기를 나눌 수 있다고 한다. 눈으로 표정 연기를 얼마든지 할 수 있기 때문이다.

멋진 이성을 만났을 때, 맛있는 음식을 앞에 두었을 때, 오랜만에 반가운 지인을 만났을 때 등에는 저절로 눈이 커지게 된다. 여기서 눈이 커지는 거라는 표현은 동공이 확대된다는 것이다. 내게 호감을 느낄 수 있도록 내가 먼저 상대에게 눈을 크게 뜨고 이야기하면 상대가 나에게 호감을 가질 수 있다.

내가 상대에게 그만큼 관심이 있다는 것을 눈으로 표현한 것이기 때문이다. 평소동안 조금 더 오랫동안 상대의 눈을 바라본다면 친밀도를 더욱 유지할 수 있다는 의미다.

즉 상대에게 원하는 행동을 내가 먼저 보여주면 된다. 상대가 내게 호감을 갖고 눈빛을 보내도록 내가 먼저 상대에게 눈빛을 보내는 것이다. 상대가 나에게 호의를 베풀길 원한다면 먼저 입과 눈으로 메시지를 보내는 것이다. 내 앞의 상대는 나의 말보다는 내 눈동자의 메시지를 먼저 믿는다는 뜻이다.

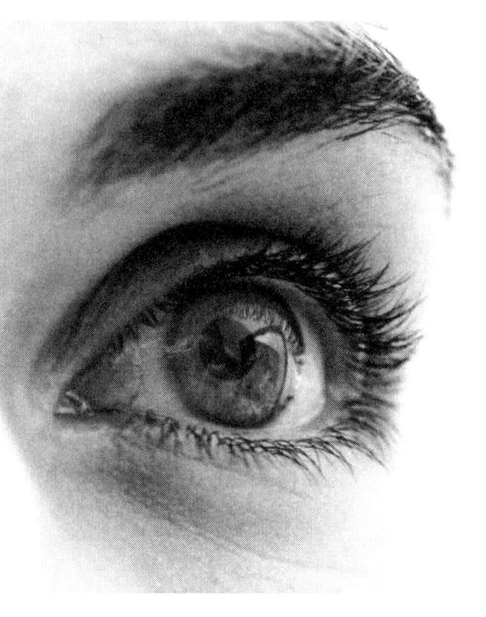

상대에게 눈빛을 전할 때 눈을 바라봐야 한다. 눈빛이 주는 진정한 메시지는 강력하다. 시원해 보이는 눈. 선하고 착하게 보이는 눈, 날카로운 눈, 호수같이 맑은 눈, 졸린 눈, 답답해 보이는 눈, 범죄형 눈 등, 눈은 사람의 첫인상을 좌우하는 매우 중요한 부분이다.

불가에서도 수행에 따라 오안(五眼)으로 구분한다. 가려져 있는 것은 보지 못하는 육안(肉眼), 겉모습만 보고 그 본성은 보지 못하는 천안(天眼), 사물을 남보다 밝게 보는 사람을 혜

안(慧眼)을 가졌다 하고, 모든 현상의 참모습과 중생을 구제하는 방법을 두루 아는 눈을 법안(法眼), 모든 것을 꿰뚫어보는 부처의 눈을 불안(佛眼)이라고 하는데, 보편적으로 아름다움과 추함을 살필 줄 아는 눈을 심미안(審美眼)이라 한다.

눈도 웃어야 예쁘게 보인다. 화내면 눈도 밉게 보인다. 거울을 쳐다보고 다른 사람들에게 어떤 모습이 아름다운 눈인지 끊임없이 단련을 해야 한다.

날마다 거울을 보면서 웃으며 맑고 그윽하게 바라보는 훈련을 해보자. 자신 있고 용기 있는 눈을 떠봅시다. 세상의 용기는 눈에서 나온다. 어떤 사람은 머리가 하얗게 늙었는데도 소년소녀 같은 눈을 가지고 있고, 어떤 사람은 의심의 눈을 가지고 있으며, 어떤 사람은 힘없고 동공 풀린 눈을 가지고 있다. 눈은 자신의 마음가짐으로부터 나오는 것 같다. 가슴에 따스하고 자신 있는 마음을 품고 세상을 바라보아야 할 것이다.

마중물

마중물이란 펌프질을 할 때 물을 끌어올리기 위해서 위에서 붓는 물이다. 마중물에서 유래된 '마중'은 '오는 사람을 나가서 맞이함'이라는 뜻이 있다. 그래서 마중물은 '맞이하는 물'이라는 뜻도 된다. 마중하는 한 바가지 물은 보잘 것 없는 적은 물이지만 깊은 샘물을 퍼 올려서 세상과 소통을 하게 하는 것이다. 사업을 하는 데도, 인생을 살아가는 데도 마중물은 필요하다.

사막의 한복판 우물에는 펌프가 하나 있다고 한다. 사막을 여행하는 사람들은 이곳에서 목을 축이고 휴식을 취한다. 그런데 우물가에는 이런 글씨가 써 붙여져 있다.

"이 펌프는 정상입니다. 왼쪽 바위 밑에 물병이 있습니다. 이 물병의 물을 붓고 펌프질을 하십시오. 그러면 시원한 생수

가 솟구칠 것입니다. 사용 후에는 다음 나그네를 위해 물병에 물을 채워 바위 밑에 놓아주시기 바랍니다."

생수를 얻으려면 반드시 땀 흘리는 수고로움이 있어야 한다. 그리고 마중물이 필요하다. 목이 마르다고 그것을 마셔버리면 사막의 우물은 영영 생수를 길어 올릴 수 없다. 우리도 소중한 것을 얻으려면 잠시 갈증을 인내하는 기다림과 힘든 펌프질이 필요하다. 그리고 남을 배려할 줄 아는 마음도 필요하다.

공동체 생활에서 오래 기다리더라도 다음 사람을 위해서 마중물을 보존해야 모두가 살 수 있는 것이다.

3부
만족할 줄 아는 삶

건원재말(健元財末)

건강이 최고라는 말이 젊었을 때는 실감나지 않았지만 중년기를 지나면서 몸에 와 닿는다.

나이 들어서 건강을 잘 지킨 사람이 가장 성공한 사람이고, 가장 행복한 사람이며, 가장 큰 재산이며 인생을 가장 잘 살아온 사람이라고 말한다.

이것을 요약해서 '건원재말'이라는 사자성어를 만들어 붓을 잡아 보았다.

'건강이 으뜸이고 재물은 그 다음이다.'라는 뜻이다.

돈을 잃으면 조금 잃는 것이라고 한다. 사람들은 돈에 목숨을 걸지만 그것은 사실 미련한 일이다. 죽으면 돈을 가지고 갈 수 없기 때문이다.

친구를 잃으면 많이 잃는 것이라고 한다. 한평생 살아가는데 친구가 없다면 그것처럼 외로운 일은 없을 것이다. 지역사회는 동창회, 동문회가 잘 되고 있는 사회다. 필자도 포천중일

고 총동문회장을 지낸 바 있지만, 거리에서 만나면 친구들이 가장 반갑고 애틋하다. 술을 마셔도 밥을 먹어도, 차를 한 잔 마셔도 친구들과 함께 하면 그렇게 맛이 있다. 이해관계가 없이 서로를 걱정해주는 사이이기 때문일 것 같다.

건강을 잃으면 다 잃는 것이라고 한다. 아무리 돈이 많아도 건강을 잃으면 그 돈을 쓸 수가 없다. 삼성의 이건희 회장은 그렇게 돈이 많지만 갑자기 뇌졸중으로 쓰려져 깨어나지 못하고 있다. 돈이 무슨 소용이 있겠는가?

건강은 건강할 때 지키라는 말도 있고, 건강한 육체에 건전한 정신이 깃든다는 말도 있다. 늙었다고 건강하지 않은 것은 아니다. 나이는 들었지만 젊은이들과 팔씨름을 해서 백전백승하는 노인들도 왕왕 있다. 그러나 건강은 누구도 지켜주지 못한다.

자식도 배우자도 본인의 건강을 위해 음식이나 약, 건강보조식품을 챙겨줄 수는 있지만, 운동을 하고 근육을 키우는 일은 오로지 자신의 몫이다. 모두들 열심히 운동해서 건강하게 사시길 바란다.

노인의 지혜

하루 중 가장 아름다운 때는 해질 무렵인 석양에 곱게 물든 하늘색갈이 가장 아름다워 보인다.

4계절 중 봄에 꽃이 필 때가 아름답다고 하지만 가을에 오색단풍은 이를 능가한다. 단풍은 아니더라도 억새꽃이 갈색에서 늦가을에 순백으로 변했을 때의 자태는 감탄을 자아내게 한다.

열매가 무르익듯이 사람도 많은 경륜과 풍부한 지식을 갖추고 무르익은 노년기가 아름다워야 한다. 비록 육체는 늙어가고 있지만 마음이 녹슬지 않으면 되고 낡지 않으면 된다. 세월과 나이는 붙잡을 수 없지만 건강과 정신을 지체할 수 있다.

고려장은 고려시대에 늙고 병든 사람을 지게에지고 산에 가서 버렸다는 민간풍속으로 전해지지만 유교사상이 충효사상을 중시했던 우리선조들의 사고와는 동떨어진 설화라고 주장하는 학자들도 많은 것으로 알고 있다.

그러나 중국인 서경이 지은 '고려도경'에 극빈한 자식이 부모의 장례를 지내지 못하여 어쩔 수 없이 주검이 까마귀밥이 되게 하는 이야기를 소개하는 것도 연관 지어 생각할 만하다.

구성진 한을 풀어 노래하는 가수 장사익의 노랫말 중 '꽃구경'이라는 가사를 음미해 보자.

'어머니, 꽃구경 가요'
제 등에 업히어 꽃구경가요
세상이 온통 꽃핀 봄날
어머니는 좋아라고 아들 등에 업혔네
마을을 지나고 산길을 지나고
산자락에 휘감겨 숲길이 짙어지자
아이고머니나!
어머니는 그만 말을 잃더니

꽃구경 봄구경
눈감아 버리더니
한 움큼씩 한 움큼씩 솔잎을 따서
가는 길 뒤에다 뿌리며 가네

어머니 지금 뭐 하나요
아들아 아들아 내 아들아
너 혼자 나려갈 일 걱정이구나
길 잃고 헤맬까 걱정이구나

위 노랫말을 깊이 있게 들여다보면 고려장과 연관 지어 어머니가 아들의 등에 업혀 꽃구경을 가는 것으로 착각하고 좋아 하다가 고려장으로 마지막 떠나가는 것을 알고 모성애로 깊은 산속에서 아들이 집을 잘 찾아 가라고 솔잎으로 길에 다 표식을 하여 돌아가는 길을 찾아 가라고 노인의 지혜를 발휘한 것이고 부모는 자식에게 다주고 간다는 내용이다.

다음 사례를 들어본다.

고려장 풍습이 있던 고구려 때 박 정승은 노모를 지게에 지고 산으로 올라갔다. 그가 눈물로 절을 올리자 노모가 말했다.

"네가 길 잃을까봐 나뭇가지를 꺾어 표시를 해두었다."

박 정승은 이런 상황에서도 자신을 생각하는 노모를 차마 버리지 못하고 몰래 국법을 어기고 노모를 모셔와 봉양을 하였다고 한다.

그 무렵에 중국의 수(隋)나라 사신이 똑같이 생긴 말 두 마리를 끌고 와 어느 쪽이 어미이고 어느 쪽이 새끼인지를 알아내라는 문제를 내었다. 못 맞추면 조공을 받겠다는 것이었다.

이 문제로 고민하는 박 정승에게 노모가 해결책을 제시해주었다.

"말을 굶긴 다음 여물을 주렴. 먼저 먹는 놈이 새끼란다."

고구려가 이 문제를 풀자, 중국은 또다시 두 번째 문제를 냈다. 그건 네모난 나무토막의 위아래를 가려내라는 것이었다.

그런데 이번에도 노모는 거침없이 해답을 알려주었다.

"나무란 물을 밑에서부터 빨아올린단다. 그러므로 물에 뜨는 쪽이 위쪽이란다."

"고구려가 기어이 이 문제를 풀자, 약이 오를 대로 오른 수나라는 또 어려운 문제를 제시했는데, 그건 재(灰)로 새끼를 한 다발을 꼬아 바치라는 것이었다.

당시 나라에서 아무도 이 문제를 풀지 못했는데, 박 정승의 노모가 말했다.

"애야, 그것두 모르느냐? 새끼 한 다발을 꼬아 불에 태우면 그게 재로 꼬아 만든 새끼가 아니냐?"

중국에서는 모두 이 어려운 문제들을 풀자, "동방의 지혜

있는 민족이다."라며 다시는 깔보지 않았다고 한다.

이렇게 해서 노모의 현명함이 세 번이나 나라를 위기에서 구하고 왕을 감동시켜, 이후 고려장이 사라지게 되었다는 일화가 전해진다.

한비자(韓非子)의 나오는 사자성어 중 '노마지지(老馬之知)'라는 말이 있다. 춘추시대의 제나라가 이웃나라를 정벌하고 전쟁이 길어지면서 혹한기에 지름길을 찾아 귀국하다 길을 잃고 진퇴양난에 빠져 들었다. 이때 관중이라는 장수가 늙은 말 한 마리를 풀어 놓고 늙은 말이 가는대로 그 뒤를 따라 가니 얼마 안 되어 큰길이 나타나서 위기를 모면했다. 하여 나이든 말의 지혜를 빌렸다는 유래가 있다

그리스의 속담에, '집안에 노인이 안 계시면 빌려서라도 모셔라.'는 말이 있다. 삶의 경륜이 얼마나 소중한지를 잘 보여주는 사례다 .

인생의 가을, 어떻게 아름다운 빛깔로 물들일 수 있을까?

고운 모습으로 물들이기 위해서는 여유와 부드러움에서 찾아야 할 것이다.

속담에 예쁜 며느리는 석 달이 좋고, 착한 며느리는 3년이 좋고, 지혜로운 며느리는 3대가 좋다는 말이 생각난다.

나이를 예쁘게 먹는 지혜를 터득하는 것이 매우 중요하다고 본다.

老年의 멋

멋은 명품을 걸쳤다고 멋스런 것이 아니고, 품격을 갖추는 것이 멋스럽다고 본다. 맵시와 유사하게 사용되는 말로 흔히 옷맵시, 글맵시, 말맵시 등 다양하게 표현되고 있고 남에게 비수를 꽂는 말이 인생을 좌우할 수도 있다. 인생말년을 우아하게 행동한다는 것이 그리 녹녹하지는 않아도 '멋스럽게 살았다.'라고 후회는 없어야 하겠다.

많은 돈을 들여 성형을 하여 탱탱한 얼굴이 되고 젊게 보인다고 젊어진 것인가. 감추어진 목과 손가락은 쪼글쪼글하면서 일부분만 바뀌어진 것은 눈속임뿐 젊어진 것은 아니다. 낡은 차에 도장을 했다고 새 차가 되는 것은 아니다. 새 차처럼 위장했을 뿐이다. 나이 들어 멋을 낸다는 것은 외모(外貌)가 아니라 행동이라고 생각한다.

진정한 노년의 멋은 버스나 전철의 경로우대석에서 노인 행

세하는 것을 피하고 아기 데리고 승차한 승객, 나이불문 노약자, 행동 부자유자등 교통약자에게 자리를 양보할 수 있는 사람이다. 길거리에서 구걸하는 사람에게 한 푼 보태줄 수 있는 마음의 여유가 있는 사람이다.

나이 들어 늙었다는 이야기는 들어도 쓸모없이 남에게 의존하는 낡은 사람이 돼지 말고 보람 있는 말년을 보내는 사람이 진정 노년의 멋이라 할 것이다.

만족할 줄 아는 삶

"생장수장(生長收藏)"이라는 말이 있다. "나고 자라고 거두고 갈무리"한다는 뜻이다. 농사나 사계절에 비유하기도 하고, 인생에 비유하기도 한다.

"나고 자라고 거두고"까지는 쉽게 이해될 것이다. 그런데 마지막 갈무리한다는 건 무슨 뜻일까? 대체로 사람들은 거두어서 창고에 쌓아놓는 것을 갈무리하는 것으로 이해한다. 갈무리는 다음 해에 씨를 뿌리기 위해 튼튼한 종자를 잘 골라내고 준비하는 과정의 일환이다.

인생에서의 갈무리도 마찬가지다. 인생에서 갈무리는 비우는 과정이다. 비움은 사라져 없어진다는 뜻이 아니다. 비움은 더 많은 이에게 나누는 행위이다. 물질적인 나눔도 그 행위이지만 살며 체득한 지혜를 나누는 것이 더 중요하다. 나에게 채우는 것이 아니라 모두의 것으로 만드는 것이 갈무리이다.

욕심에 지배당하면 갈무리를 잘못하게 된다. 노년에 받는 존경은 돈도 아니고 명예도 아니고 지식도 아니다. 존경받는 이들은 인생을 살면서 체득한 지혜를 나누어주는 분들이다

노년에 말을 많이 하면 잔소리요, 젊은 여자와 살면 과욕이요, 큰일에 나서려 하면 노욕이라 할 수 있다.

어느 가을날, 한 청년이 배가 너무 고파서 햄버거 하나를 사서 밖으로 나와 야외 벤치 그늘에 앉아 혼자 쓸쓸히 햄버거를 먹고 있었다. 그때 고급 승용차 한 대가 햄버거 가게 앞에 멈추어 서더니 차에서는 비서인 듯한 여자가 내려 햄버거를 사서 차 안의 어떤 이에게 건네주었다 .

그 모습을 바라본 청년은 부러워하며, 이런 생각을 했다.

"아……, 나도 누군가가 사다 주는 햄버거를 저런 멋진 차 안에서 편히 앉아 먹는다면 얼마나 좋을까? 이렇게 청승맞게 공원 의자에 쪼그리고 앉아 햄버거를 먹고 있는 내 신세가 정말 처량하구나."

그런데 같은 시간, 차 안에서 햄버거를 먹고 있던 남자도 벤치에 앉아 햄버거를 먹고 있는 청년을 바라보며 이런 생각했다 .

"나도 저 청년처럼 다리가 건강해서 햄버거를 사먹으러 여

기저기 돌아다닐 수 있다면 얼마나 좋을까? 그리고 저렇게 벤치에 앉아 맑은 공기를 마시며, 점심을 먹을 수 있다면 얼마나 행복할까?"

차안에서 햄버거를 먹고 있던 사람은 장애인으로 정상적인 사람을 부러워했다.

야화에 남편과 아내는 나이 60세 동갑내기 생일날 축하의 케이크를 자르고 있는데 산신령이 불쑥 나타났다

"그대들은 살아오는 동안 부부싸움도 하지 않고 착하게 살았기 때문에 60세 생일을 맞아 한 가지씩 소원을 들어줄 테니 말해 보거라."

아내가 말했다.

"신령님! 우리는 너무 가난하게 살았습니다. 여행 한 번 제대로 못해서 남편과 사이좋게 세계여행을 하고 싶어요!"

산신령은 세계여행 티켓을 아내의 손에 쥐어주며 이번에 남편에게 물었다.

"남편의 소원은 무엇인고?"

그러자 남편은 뜬금없이 이렇게 말했다.

"저는 30년 어린 여자와 한번 살고 싶어요."

이 말을 들은 아내는 깜짝 놀랐다. 동시에 남편에 대해 큰 배신감을 느꼈다.

산신령은 아내의 얼굴을 힐끗 쳐다보더니 말했다.

"남편의 소원도 들어주기로 하겠다."

그리고 '펑'하는 소리와 함께 남편을 90살로 변하게 하였다. 만족할 줄 알면 인생이 즐거운데 과욕에서 발생한 결과물이다.

장점이 있으면 단점도 있고, 좋은 것이 있으면 나쁜 것도 있다. 하나를 얻으려면 하나를 내려놔야 하는데, 그렇게 하지 않으려 한다. 그것이 일반적인 사람들의 욕심이고 본성인데, 그것 때문에 고민과 갈등이 생길 수밖에 없다.

무언가를 성취하려면 반드시 투입해야 하는 것이 있다. 공부를 잘 하려면 시간과 노력을 들여야 한다. 승진을 하려면 직장이 원하는 만큼 열심히 일 해야 하고, 무슨 운동이든지 잘 한다 소리를 들으려면 그만큼 땀과 노력이 필요하다. 물건을 싸게 사려고만 해도 노력과 시간을 드려야 한다.

공부를 하기로 했으면 놀기를 포기해야 하는 것이고, 친구를 만나기로 했으면 내 시간을 포기해야 한다. 한 여자를 선택 했으면 다른 여자는 포기해야 한다. 돈을 많이 벌고 싶으면 그만큼 다른 것들을 포기해야 한다.

하나를 얻으려면 하나를 놓아야 한다는 말을 염일방일(拈一放一)이라고 한다. 일득일실(一得一失), 일리일해(一利一害)라는 단어와 비슷한 말이다.

중국 고사에 송나라 때 정치가였던 사마광의 어린 시절에 있었던 이야기다.

어느 날 큰 물독에 어린아이가 빠졌는데 이 아이들 구출하기 위해서 주변의 어른들은 사다리와 밧줄을 가져왔지만 여의치 않아 그 아이는 허우적거리며 죽을 지경이 되었다. 이때 사마광이 돌멩이를 가져와 장독을 깨트려서 아이를 구해냈다. 고귀한 생명을 구하기 위해서는 장독쯤은 깨트려버려도 되는 작은 것에 불과하다는 생각을 한 것이다. 큰 것을 얻기 위해서는 작은 것을 버리는 지혜가 필요하다는 교훈을 준다.

하나를 쥐고 또 하나를 쥐려 하면 손에 쥐고 있는 하나마저도 모두 잃게 됨을 일컫는 말이다.

분수에 맞는 생활

우리는 가장 태평성대를 말할 때 중국 요순시대(堯舜時代)를 말하곤 한다. 요순시대에 어떤 임금님에게 욕심쟁이 신하가 한 사람 있었다. 그런데 그 신하가 궁을 떠나게 됐다. 헤어지든 날 왕은 그에게 말했다.

"오랫동안 고생 많이 한 자네에게 보답으로 코끼리 열 마리를 선물로 준비했으니 몰고 나가서 잘 키우게."

멋도 모르고 다른 신하들은 '그렇게 비싼 코끼리를 열 마리나 주다니…….'하고 부러워했고, 본인도 기뻐서 어쩔 줄 몰랐다.

그 신하는 코끼리 열 마리를 몰고 나와 키워보니, 이건 여간 고역이 아니었다. 열 마리 먹을거리를 조달하려다 보니 정신을 차릴 수가 없었다. 임금님의 하사품이라 어디 팔 수도 없고, 굶겨죽일 수는 더욱 없고 코끼리 열 마리 먹여 살리다가 보니 3년 만에 그 많던 재산은 모두 코끼리 뱃속에 들어가 버렸고, 본인도 병이 들었다.

그 소식을 들은 임금님이 문병 차 그 신하를 찾아갔더니, 그가 말했다.

"전하 미련한 소신을 용서하시옵소서. 소신은 값비싸고 좋은걸 많이 가지기만 하면 복이 되는 줄로 잘못 알았습니다. 평소 나에게 주워진 복만으로 만족하게 살았어야 했는데, 분수없이 욕심을 더 채우려다가 이 꼴이 됐습니다."

그제야 왕은 그의 손을 잡아주면서 말했다.

"그래, 이 세상에서 망하는 법은 간단하네, 이제부터라도 분수를 지키고 행복한 인생을 살아주기 바라네."

요즘 분수를 모르고 욕심 많은 사람들이 너무나 많다. 모든 것이 자기분수에 맞아야 되고, 분수를 알아야 한다.

빈대의 교훈

탈무드에 유태인은 학식을 우물에 비교하여 "근원이 깊은 우물은 물을 아무리 퍼내어도 마르지 않지만 얕은 우물은 곧 말라버린다."는 설명이 나온다. 그러기에 유태인의 격언에는 "몸의 무게는 잴 수 있으나 지성의 무게는 잴 수 없다. 왜냐하면 체중에는 한계가 있지만 지성에는 한계가 없기 때문이다"라는 말이 있다.

때문에 요즈음은 평생교육이 또는 생애 교육을 강조하는 것이다. 일찍이 공자는 "세 사람이 함께 가면 반드시 나의 스승이 있게 마련이다."라고 했다. 나 아닌 다른 사람이 둘 이상 같이 있다면 그들의 언행을 비교하여 볼 수 있기 때문에 잘못을 확실히 알 수 있는 바, 그중에 훌륭한 점은 본받아 이에 따르고 나쁜 점은 거울삼아 스스로를 반성하여 자신의 잘못을 고칠 수 있으니 다 나의 스승이 된다는 것이다.

여기서 현대그룹 총수였던 정주영 회장의 이야기를 상기해

보자. 우리나라는 50년대 말까지 시골, 도시할 것 없이 빈대가 많았다. 온종일 공사판에 나가 일을 하고 기거하는 곳에 와서 잠을 자려면 빈대의 극성으로 도저히 잠을 이룰 수가 없었다. 꾀를 내어 밥상 위에 올라가 누웠더니 잠시 뜸하다가 이내 상다리를 타고 기어 올라와 물어뜯는다. 다시 머리를 써서 밥상다리로 올라오는 빈대를 익사시키기 위하여 양재기 4개를 구하여 물을 가득히 채워 밥상 다리를 그곳에 담가놓고 상 위에서 잠을 자니 하루 이틀은 조용하다가 다시 물어뜯기 시작한다.

이상하여 불을 켜고 도대체 빈대들이 무슨 방법으로 양재기 물을 피해 올라왔나 살펴보니 놀랍게도 빈대들은 벽을 타고 천정까지 올라간 다음 사람을 겨냥해 뚝 떨어지더라는 것이다.

그 후 그는 어떤 일에나 전심전력을 다하여 연구하고 노력하면 뜻을 이룰 수 있다는 이 빈대의 지혜를 기업 경영에 활용했다고 한다.

정주영 회장이 지휘한 서산 간척지 사업에 위기가 왔다. 물막이 공사에 마지막 남은 구간은 270m였다. 초속 8m의 급류에 4.5톤의 자동차만 한 바위를 아무리 부어도 순식간에 물살에 쓸려내려 갔다. 이런 큰 위기 속 정주영 회장은 포기하지 않고 뒤로 물러나지 않았다. 이 위기 속에서 포기하지 않고 세계가 놀란 정주영식 물막이 공법이 탄생되었다. 정주영 회장은 폐유조선을 사서 물을 가득 채워 배를 가라앉혀서 마지막 남은 270m를 막아 정주영식 물막이 공법으로 서산 천수만 간척지 사업을 성공시켰다고 한다.

우리 주위에는 두 무리의 사람들이 있다. 문제가 생겼을 때 그 문제가 곧 포기를 의미하는 스톱 사인으로 보는 사람들이 있고, 문제가 생겼을 때 그 문제가 다른 길로 가라는 방향 제시로 보는 사람들이 있다. 정주영 회장의 간척 사업을 통해 우리는 지혜와 경험이 얼마나 중요한 것인지를 깨닫게 된다. 삶을 영위함에 있어 가장 중요한 것은 부단히 배우고자하는 겸손한 마음을 갖는 것이다. 배우려는 의지를 가질 때 스승이 아닌 것이 없다.

천하 만물이 다 나를 가르치는 선생이요, 교실이요, 교훈이다. 빈대와 같은 미물이라 하더라도 거기서 배울 점이 나타난다는 것을 우리는 간과하지 말아야 한다.

사람의 향기

좋은 책에서는 좋은 향기가 나고, 좋은 책을 읽은 사람에게는 향기가 스며들어 주위 사람들에게도 기쁨을 가져다준다.

요즘 꽃이 만발한 산에 오르게 되면 꽃마음이 되어간다. 모든 꽃들이 아름답듯이 우리도 모두 아름다운 사람이 되는 것이 소망이다.

소리 없이 피어나 먼데까지 향기를 날리는 한 송이 꽃처럼 우리도 주위에 기쁨의 향기 전하는 꽃마음으로 살아가는 공동체를 기대한다. 꽃

향기는 바람에 흩어지지만 사람의 향기는 가슴에 오래도록 간직하게 된다.

따뜻한 인생길, 따뜻한 사랑, 따뜻하고 아름다운 삶의 의미는 꽃처럼 변화되어 아름답고 행복한 동행관계를 이루는 것이다.

사람의 향기는 어떤 냄새일까? 화장을 짙게 한 여성들은 근처만 가도 향기가 풍긴다. 때로 남자들도 향수를 뿌려 좋은 냄새가 나기도 한다. 그런데 사람의 향기는 그런 냄새가 아니다. 농장이나 건설현장에서 열심히 일하여 나는 땀냄새도 있지만 그것을 사람의 향기라고는 할 수 없다.

그렇다면 사람의 향기는 어떤 향기일까? 나눔을 통한 온정의 향기이다. 우리는 사람 냄새 나는 세상을 꿈꾼다. 어른을 공경하고 아이를 사랑하는 사회, 건강한 사람은 병든 사람을 돌보고, 힘센 사람은 힘이 약한 사람의 물건을 들어주고, 어른은 아이를 돌보고, 아이들은 어른들을 공경하는 사회야말로 사람 냄새가 나는 사회라 생각한다. 그리고 그렇게 행동하는 사람들을 사람의 향기가 풍기는 사람이라 할 수 있겠다.

서로 사랑하고 공경하며 나누고 베푸는 사람의 향기가 나는 사회를 꿈꾼다.

삶이란 여행길

세상에 태어난 그 순간부터 새로운 인생길의 여행이 시작된다. 삶이란 자신도 모르는 목적지까지 가는 여행길이다. 배낭여행이라 생각하면 된다. 여행의 목적지에 도달했을 때에는 남은 것 하나 없어야 돌아가는 길이 홀가분하듯이, 너무 많이 남기려 하지 말고 얼마나 아름다운 발자취로 걸어 왔을까를 뒤돌아보아야 한다.

여행길은 동반자와 함께 무거운 짐을 나누며 함께 걸어가는 것이 보편적이다. 잠자리나 먹을 것이 흡족하지 않아도 동반자끼리 힘든 어깨를 주물러주며 함께 걸어갈 동행자가 있다면 가는 길이 가벼워진다.

과일 나무는 비바람이 불거나 너무 추워 꽃이 얼어서 꽃을 피우고도 열매를 맺지 못하는 경우도 있다. 꽃도 피우고 열매도 맺는 그런 삶이 되었으면 좋겠다.

사람은 끈을 따라 태어나고 끈을 따라 맺어지고, 끈이 다하면 끊어진다. 끈은 길이요, 연결망이다. 좋은 끈이 좋은 인맥, 좋은 여행을 만든다. 그럼 여기서 인간의 다섯 가지 끈에 대하여 생각해보자.

첫 번째, '매끈'한 성격의 소유자가 되라. 까칠한 사람이 되지 말자. 보기 좋은 떡이 먹기 좋고, 모난 돌은 정에 맞기 쉽다. 세련되게 입고, 밝게 웃고, 자신감 넘치는 태도로 매너 있게 행동하라. 외모가 미끈하고 성품이 매끈한 사람이 되라.

두 번째, '발끈'하고 오기를 부릴 줄 아는 사람이 되라. 오기 있는 사람이 되라. 실패란 넘어지는 것이 아니라 넘어진 자리에 머무는 것이다. 동트기 전이 가장 어두운 법이니 어려운 순간일수록 오히려 발끈하라!

세 번째, 통이 크고 '화끈'한 사람이 되라. 미적지근한 사람이 되지 마라. 누군가 해야 일이라면 내가 하고, 언젠가 해야 할 일이라면 내가 하고, 어차피 해야 할 일이라면 화끈하게 하라. 어차피 할 일이라면 눈치 보지 말고 소신껏 행동하는 사람, 내숭떨지 말고 화끈한 사람이 되라!

네 번째, 눈을 '질끈' 감아줄 줄 아는 사람이 되라. 용서할 줄 아는 사람이 되라. 실수나 결점이 없는 사람은 없다. 다른

사람을 쓸데없이 비난하지 말고 질끈 눈을 감아라. 한번 내뱉은 말은 다시 주워 담을 수 없으니 입이 간지러워도 참고, 보고도 못 본 척 할 수 있는 사람이 되라. 다른 사람이 나를 비난해도 질끈 눈을 감아라!

다섯 번째, 아랫목처럼 '따끈'한 사람이 되라. 난로처럼 따뜻한 사람이 되라. 계산적인 차가운 사람이 아니라 인간미가 느껴지는 사람이 되라! 털털한 사람, 인정 많은 사람, 메마르지 않은 사람, 다른 사람에게 베풀 줄 아는 따뜻한 사람이 되라!

오복(五福) 이야기

사람이 살아가면서 기대하는 다섯 가지 소망하는 삶을 5복이라 했다. 옛부터 즐겨 써온 말로 가장 행복한 삶을 말할 때 '오복을 갖추었다.'고 말하였으며, 새로 집을 건축하고 상량(上梁)할 때 대들보에 연월일시(年月日時)를 쓰고 그 밑에 "하늘의 세 가지 빛에 응하여 인간 세계엔 오복을 갖춘다.(應天上之三光備人間之五福)"고 쓰는 것이 전통적으로 내려오고 있고 필자도 지인이 새 집을 지을 때 상량식 때 대들보에 글씨를 써준 기억이 난다.

오복이 처음 문헌상에 나타난 것은 중국유교의 경전인 『서경』「홍범편」에서다. 그 뒤 여러 경전에 인간 오복에 대한 말이 나왔다.

오복을 꼽아보자면 그 첫째가 수(壽)다. 인간의 수명을 말하는 것이다. 인간은 누구나 장수를 원하기 때문이다. 둘째로 부

(富)다. 부유하고 풍족하게 살기를 바라는 간절한 소망인 것이다. 셋째가 강녕(康寧)이다. 일생 동안 건강하게 살고자 하는 욕망 또한 중요하기 때문이다. 넷째가 유호덕(攸好德)이다. 덕을 좋아하며 다른 사람을 위하여 베풀고 봉사를 해야 한다. 마지막으로 고종명(考終命)이다. 고종명이란 죽음을 깨끗이 하자는 소망으로, 편안히 일생을 마치기를 바라는 소망이 담겨 있다.

청나라 때 『통속편(通俗編)』에 나오는 오복은 수(壽) · 부(富) · 귀(貴) · 강녕(康寧) · 자손중다(子孫衆多)로 되어 있어 두 가지가 다르다. 서민층이 바라는 오복은 오히려 이 통속편의 오복이라 할 수 있다. 남에게 덕을 베푼다는 유호덕보다는 귀가 낫고, 자기의 천수(天壽)대로 사는 고종명보다는 자손 많은 것을 원한 때문이다.

그러나 서민들이 원했던 또 다른 오복(五福)으로는 치아가 좋은 것, 자손이 많은 것, 부부가 해로하는 것, 손님을 대접할 만한 재산이 있는 것, 명당에 묻히는 것을 말했다고 한다.

그렇다면 현대인들이 생각하는 오복은 무엇일까? 첫번 째로 건강한 몸을 가지는 복, 두 번째로 서로 아끼면서 지내는 배우자를 가지는 복, 세 번째로 자식에게 손을 안 벌려도 될 만

큼의 재산을 가지는 복, 네 번째로 생활의 리듬과 삶의 보람을 가질 수 있는 적당한 일거리를 갖는 복, 다섯 번째로 나를 알아주는 참된 친구를 가지는 복을 오복이라고 개념이 바뀌어졌다.

오복는 누가 가져다주지 않는다. 누구에게나 똑같이 주어지는 인생이다. 누가 얼마만큼 열심히 사느냐, 누가 얼마만큼 열심히 운동하느냐에 따라 느끼는 복의 차이가 있을 수 있다.

부와 건강은 열심히 관리하는 것에 따라 이룰 수 있겠지만, 자식은 마음대로 되지 않는다. 이제 자식의 효를 바라는 마음은 오복에서 뺐으면 좋겠다.

4부
여유 있는 사람

사랑스런 며느리

"애야, 너 삼 만원만 주고 가거라."

"없어요."

80살이 넘은 아버지가 회사에 출근하는 아들에게 사정을 했건만 아들은 냉정하게 거절을 하였다. 늙은 아버지는 이웃 노인들과 어울리다 얻어만 먹어온 소주를 한 번이라도 갚아주고 싶었다.

설거지를 하다 부자간의 대화와 시아버지의 그늘진 얼굴을 훔쳐본 며느리는 한참 무엇을 생각하더니 밖으로 달려 나갔다. 한참 만에 버스를 막 타려는 남편을 불러 세워 숨찬 목소리로 손을 내밀며 말했다.

"여보, 돈 좀 주고가요."

"뭐 하게?"

"애들 옷도 사 입히고, 여고 동창생 계모임도 있어서요."

며느리는 남편이 안주머니에서 오만 원 가량을 꺼내 헤아리며 “담배 값이 어떻고, 차 값이 어쩌니, 대포 값이 저쩌니.” 하는 말을 들으며 몽땅 빼앗아 차비만 주고 집으로 돌아왔다.

그리고는 아파트 양지바른 벽에 기대 하늘만 바라보는 시아버지께 돈을 몽땅 내밀었다

“아버님, 이 돈으로 드시고 싶은 소주도 잡수시고, 친구들과 대공원에도 가고, 하고 싶은 대로 하세요.”

시아버지는 며느리가 고마워서 말을 잊은 채 연신 눈물이 쏟아지려해 어떻게 할지 모르는 표정이었다.

그날 저녁에 남편이 퇴근하고 돌아왔다.

그리고는 “왜 애들 얼굴에 꾸중물이 찌찌하게 이렇게 더렵느냐?”고 말했다. 그 이튿날도 또 그 다음 날도 애들 꼴이 더러워져가고 있었다.

며칠 전까지만 해도 반드레하던 애들이 새까만 손등이며, 거지꼴로 변해갔다.

남편은 화를 벌컥 내며 고함을 쳤다.

“이 여편네가 하루 종일 뭘 하길래 애들 꼴을 저렇게 만들어 놓았어?”

남편의 화난 소리를 듣고 있던 아내도 화를 내어 남편에게 소리를 질렀다.

"저 애들을 곱게 키워봐야 당신이 아버지가 달라고 하시는 돈 삼만 원을 냉정히 거절했듯이, 우리가 늙어서 삼만 원 달래도 안 줄 거 아니에요? 당신은 뭣 때문에 애들을 깨끗이 키우려고 해요?"

아내의 말에 기가 눌려버린 남편은 고개를 들지 못하고 늙은 아버지의 방문을 열었다. 늙은 아버지는 아들의 무정함을 잊은 채 어서 방으로 들어오라고 했다.

늙은 아버지는 아들을 보며 다정히 말했다.

"회사일이 고되지 않느냐?"

"환절기가 되었으니 감기에 조심해야 한다."

아버지는 아들을 어린애처럼 타이르고 있는 것이다. 아버지의 더 없는 사랑에 아들은 그만 엎드려 엉엉 울고 말았다.

독일의 속담에 "한 아버지는 열 아들을 키울 수 있으나 열 아들은 한 아버지를 봉양키 어렵다."는 말이 있다.

부모는 늘 자식이 배부르고 따뜻한가를 묻고 살피지만, 자식들은 부모의 배고프고 추운 것을 마음에 두지 않는다. 자식들의 효성이 아무리 지극해도 부모의 사랑에는 미치지 못한다.

우리는 부모가 짐이 되고, 효가 귀찮게만 생각되는 세상에 살고 있다. 그러나 효는 예로부터 가족을 사랑으로 묶는 밧줄과 같은 것이다.

효의 씨앗을 심고 가꾸는 일은 부모가 자식에게 효를 내리 실천해 모범을 보이는 일이 꼭 필요하다.

– 자료출처 : '좋은 이야기' 중에서

안중근과 청초당(靑草塘)

중국 자오린공원(구 하얼빈공원)에는 안중근 의사를 기리는 청초당(靑草塘)이라는 비석이 남아 있다. 안 의사가 사형선고를 받고 만주 뤼순감옥에서 1910년 3월 26일 순국하기 이틀 전에 마지막 유묵으로 남긴 휘호다. 그 휘호는 '푸른 풀이 돋아나는 연못'이라는 글인데, '못가에 풀이 다시 돋아나듯 우리나라의 독립을 이룰 것이다'란 염원이 담긴 글씨로 유묵은 해

군사관학교 박물관에 보관되어 있다.

오늘은 3.1절 101주년이 되는 날이다. 순국선열의 넋을 기리는 날이기에 다시 한 번 그 의미를 되새겨 보고자 한다. 이 맘때면 초봄의 경이로운 생명력으로 초목의 움이 트는 봄을

누구나 기대하고 있을 것이다.

치적은 높이 평가받지 못하였지만 민주화운동에 많은 기여를한 김영삼 전 대통령은 1979년 공화당 정권 하에서 야당총재를 하였다. 당시 공화당 정권은 김영삼 국회의원을 다수의 힘으로 국회의원에서 제명을 하였다. 그렇지만 그는 제명을 당하면서 민주화의 열망을 담아 "닭의 모가지를 비틀어도 새벽은 온다."라는 유명한 말을 남겼다.

'코로나19 바이러스'로 인해서 세계인류 모두가 고통을 같

이하고 있다. 겨울이 아무리 길어도 봄은 반드시 찾아오기 마련이다. 코로나사태가 조속히 해결되어 대한민국이 융성하고 발전되어 국민이 편안해 지기를 염원한다.

알렉산더 대왕의 초상화

마케도니아의 알렉산더 대왕은 거대한 제국을 건설한 후 자신의 초상화를 남기고 싶어 했다. 그는 유명한 화가들을 모두 불러 초상화를 그리게 했지만 만족할 만한 작품이 나오지 않았다. 왜냐하면 전쟁에서 입은 흉한 상처로 인해 알렉산더의 얼굴이 무섭고 잔인하게 그려졌기 때문이다. 한 화가가 또 다시 불려가서 자신의 초상화를 그리라는 명령을 받았다. 그 화가는 고민에 빠졌다.

이마에 흉터를 그리면 왕을 욕되게 할뿐 아니라 왕의 마음을 만족시킬 수 없을 것이고, 흉터를 없애고 그리면 후세에 엉터리 화가라고 지탄을 받기 때문이었다.

화가는 알렉산더대왕을 앉히고 테이블 위에 손을 얹어 턱을 고이게 한 후 손가락으로 얼굴의 흉터를 자연스럽게 가리도록 했다. 그리고 흉터를 감쪽같이 감춘 웅장한 초상화를 완성했다. 알렉산더 대왕은 그제서야 매우 흡족해 했다.

초상화라고 해서 얼굴에 모든 것을 그릴 필요는 없다. 눈을 강조해서 그릴 수도 있고, 코를 강조해서 그릴 수도 있으며, 대머리라면 모자나 두건을 둘러 그릴 수도 있는 것이다. 손으로 턱을 고이고 그렸던 알렉산더 대왕의 초상화는 우리에게 많은 것을 시사한다.

우리 사회는 겉으로 보이는 모습만을 평가하는 나쁜 버릇이 있다. 노점에서 쑥이나 냉이를 캐다가 파는 노파가 우리나라 최고의 로펌사무소 대표일 수도 있고, 파지를 주워 유모차에 밀고 가는 할머니일 수도 있다.

알렉산더 대왕의 얼굴에 난 상처를 그려야 하는 것이 초상화의 최선은 아니다. 화가는 초상화가 더욱 빛날 수 있게, 어느 한 부분을 돋보이게 그릴 수도 있는 것이다. 상대방이 부족한 부분이 많더라도 어느 한 장점을 부각시켜서 칭찬해준다면 그 사람은 내 편이 될 것이다.

여유 있는 사람

사찰의 불상이나 관음보살상의 이목구비를 살펴볼 때 다른 부분에 비하여 상대적으로 귀가 크게 만들어져 있다. 왜 그렇게 귀를 크게 만들었을까? 그것은 중생의 애환을 잘 귀담아 듣고 자비를 베풀라는 뜻이라고 한다.

역대 대통령 중 귀가 제일 컸던 대통령은 노태우 대통령이다. 그의 업적평가를 떠나서 그는 자기주장보다는 남의 말을 잘 귀담아 듣고 정치를 해온 것으로 유명하다.

노태우 대통령은 태어날 때부터 귀가 유난히 컸다고 한다. 어느 날 할머니 손을 잡고 절에 불공을 드리러 간 적이 있었다. 그때 스님이 '되도록 말을 많이 듣고 이를 귓속에 잘 간직하면 크게 성공하겠다.'고 했다고 한다. 어린 노태우는 그 말을 듣고 어른이 되어서도 "나는 내 얘기보다 남의 얘기에 귀를 기울이는 편이다."라고 자주 말했다고 한다.

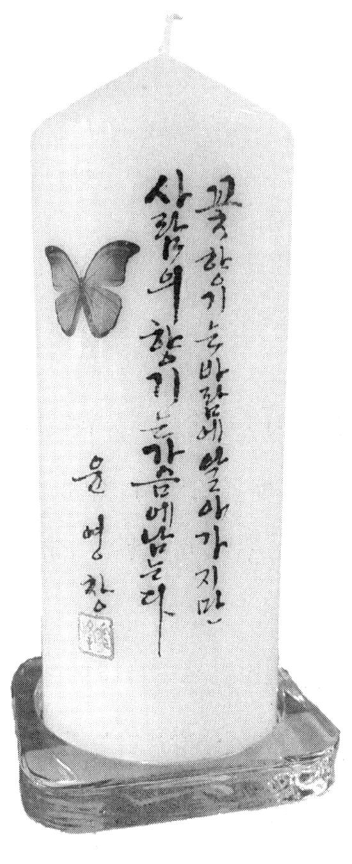

고려시대의 일이다. 거란과의 전쟁에서 크게 승리한 강감찬 장군을 위해 현종 임금이 주연(酒宴)을 베풀었다.

주연이 한창 무르익고 술이 한 순배 돌고 난 뒤, 밥그릇 뚜껑을 열던 강감찬 장군은 그릇 안에 밥이 없다는 것을 알게 되었다. 높은 지위에 있는 사람들이 흔히 그러하듯 밥을 다시 가져오라고 호통을 치면서 책임자를 혼내줄 만도 했지만, 강감찬 장군은 그냥 조용히 화장실을 가는 척하며 밖으로 나왔다.

그리고는 주방장을 불러 밥그릇에 밥이 비었음을 말한 후, '여차저차 하라'고 당부했다.

잠시 후, 다시 장군이 들어가 술자리에 앉자 주방 책임자가 들어와 "오래 자리를 비워 밥이 식었을 것인 즉, 다시 따뜻한 밥을 가져드리겠습니다."라며 빈 밥그릇을 치우고 새 밥그릇을 놓아드렸다.

강감찬 장군의 부드러운 배려로 인해 주방책임자는 중형을 면할 수 있었다.

폭풍우가 몰아치면 수양버들의 굳은 헌 가지는 꺾이고 부러져 나가지만 부드럽게 돋는 햇가지는 꺾이지 않는다. 돌보다 강한 이(齒)는 뽑혀지거나 깨어지지만 입속에 혀는 평생을 가도 깨어지거나 뽑혀 지지 않는다.

세상을 나의 눈으로만 보지 않고 때로는 남의 눈으로도 볼 수 있다면, 꽃보다 더 아름답고 행복한 세상이 될 수 있을 것이다. 급할수록 한 발 물러서서 남의 눈으로 볼 줄 아는 여유 있는 사람이 됐으면 좋겠다.

유성룡과 바보 형

임진왜란이 일어나기 3년 전의 일이다.

당시 유성룡은 좌의정을 맡고 있으면서 나라의 중요한 정책을 잘 처리하여 선조의 신임이 두터웠다.

그런 유성룡에게는 유운룡이라는 형이 한 명 있었는데, 그는 우둔하고 어리석어서 세상 사람들의 시선이 곱지 않은 데다 생활능력이 없어서 동생의 집 한쪽 별당에서 거처하고 있었다.

어느 날, 형이 동생을 찾아왔다.

"아우, 시간이 있으신가? 나하고 바둑이나 한 수 두세나!"

유성룡은 형님의 청을 받아들여 가벼운 마음으로 바둑을 두었다.

그런데 놀랍게도 형에게 바둑을 계속 지는 것이었다.

유성룡은 다시 정신을 집중하였으나 또다시 불계패로 끝나고 말았다.

"거참, 괴이한 일이로고……."

평소에 바보라는 소리를 듣는 형님이어서 더욱 가소롭게 보았는지도 모를 일이다.

바둑을 마치고 둘은 담소를 나누었다. 평소에 형을 아둔하다고 생각해왔던 유성룡은 다시 생각해도 거짓말처럼 형이 돋보였다.

대화가 끝날 즈음 형 유운룡은 아우에게 한 마디 더 첨언을 하였다.

"한 가지 부탁이 있네. 사흘 후면 금강산 유점사에서 웬 중이 찾아와서 하룻밤 자고 가겠다고 할 것일세. 그렇거든 사랑에 재우지 말고 반드시 내 거처에서 머물게 해주시게."

형은 간곡하게 부탁을 하고 자기 방으로 돌아갔다.

형이 말했던 것처럼, 정말 사흘 뒤에 젊은 중이 유성룡의 집을 찾아와서 하루 묵기를 청하였다.

유성룡은 형의 말대로 중이 찾아온 것이 몹시 놀라웠다.

"스님, 오늘 밤은 예서 묵으시오."

유성룡은 중을 형이 거처하고 있는 별당으로 안내하였다.

유운룡은 스님을 맞이하여 준비해둔 주안상을 내놓으며 반갑게 맞이하였다.

두 사람은 모두 만취하여 어느새 곯아떨어졌다.

자시(子時)를 지나 축시(丑時)시쯤이나 되었을까? 그때였다.

유운룡이 슬며시 일어나 사위를 살피니 아직 밖은 깜깜해 지척을 구별할 수 없는 밤중이었다. 그러나 아직 닭은 울기 전이었다.

유운룡은 중의 바랑을 헤쳐 보았다. 바랑 속에는 천으로 칭칭 감아 감춘 일본도 한 자루가 들어 있었다. 또한 중의 가슴을 풀어 헤쳐 보니 작은 칼자루가 손에 잡혔다.

유운룡은 칼을 모두 챙기고 중의 가슴에 올라탔다.

"네, 이놈!"

중은 깜짝 놀라 단잠에서 깨었다.

"네놈이 아무리 날고 긴다고 해도 내 눈을 속이지는 못한다. 어찌 네가 유점사 중놈이라고 속이려 드느냐?"

추상(秋霜) 같은 유운룡의 호령에 첩자는 자신의 실체와 임무를 털어놓고 말았다.

그 중은 왜국, 일본의 첩자로 토요토미 히데요시에게서 조선의 지리를 염탐하고 유성룡을 암살하라는 특명을 받고 온 것이었다.

유운룡은 그 중을 따끔하게 혼내서 내쫓았다. 왜국의 첩자는 모든 것이 들통이 난 상황이 두려워 바랑도 버린 채 허겁지겁 달아나고 말았다.

임진왜란이 일어나기 전, 바보행색을 하던 유운룡은 이미 왜국의 상황을 파악하여 조선으로 온 첩자를 알아내고 동생 유성룡을 보호했다는 숨겨진 이야기다.

사람을 신체적 조건으로 판단하지 말자. 뇌성마비 장애인도 천재가 있어 교수를 하는 사람도 있고, 똑똑하다고 자처하는 사람들이 더욱 사기를 잘 맞는다고 한다. 바보행색을 해가면서 동생 유성룡을 뒷바라지 해준 형 유운룡의 지혜가 생각나는 요즘이다.

- 자료출처 : 조선왕조야사

이병철 회장의 일화

청년 이병철이 일본에서 대학을 다니다가 중도에 그만두고, 자신의 고향인 경남 '의령'에서 농사를 지을 때의 이야기다.

그는 일찍부터 이재술(理財術)이 뛰어났던지, 논(畓)에서 돈 버는 방법을 연구해냈다. 당시의 논 1마지기(200평)에서는 농사가 잘 되어야 쌀 2가마니가 생산되던 시절이었다.

그런데 젊은이 이병철은 시험 삼아 논 1마지기에는 벼를 심고 그 옆에 있는 또 다른 1마지기 200평에는 새끼미꾸라지를 사다가 봄부터 길렀다.

가을에 수확 때까지 양쪽 모두 똑같은 비용을 투입하여, 각각 재배하고 길렀는데, 벼를 심은 논에서는 역시 쌀 2가마니가 생산되었고, 미꾸라지를 기른 논에서는 커다란 미꾸라지가 수 만 마리로 늘어났다. 그것을 전부 시장에 팔았더니 쌀 네 가마니 값을 받았다.

그 이듬해에 그는 또 시험양식(試驗養殖)을 했다.

한쪽 논 200평에는 역시 어린 미꾸라지를 작년과 같이 길렀고, 다른 논 200평에는 어린 미꾸라지와 미꾸라지를 잡아먹고 사는 천적(天敵)인 메기를 같이 넣고 길렀다. 가을에 양쪽 모두 수확을 하고 보니, 처음 논에는 새끼 미꾸라지보다 두 배 정도의 미꾸라지가 생산되었다.

메기와 미꾸라지를 같이 넣어 길렀던 다른 논 200평에서는 메기들이 열심히 미꾸라지를 잡아먹었는데도, 네 배로 늘어났고, 메기는 열 배로 늘어났다. 그래서 그걸 모두 팔았더니 쌀 8가마니에 해당되는 돈을 벌 수 있었다.

왜 그랬을까? 천적이 없는 미꾸라지들은 물에서만 태만하게 자라났고, 메기라는 천적을 피해야 하는 미꾸라지들은 흙과 물풀 숲에 숨어서 훨씬 많은 새끼를 쳐낼 수 있었던 것이다.

이 우주(宇宙) 생명계(生命界)의 자연현상은, 어려움과 고통과 위험(危險)이 닥쳐오면 긴장하여 더 활발히 움직이고, 생존본능(生存本能)이 강화되어 더 열심히 번식하고, 훨씬 더 강인(强靭)해진다.

좋은 친구

친구에도 여러 가지의 부류가 있다. 좋은 길로 인도하는 친구가 있는가 하면, 나쁜 길로 빠뜨리는 친구도 있다. 과연 좋은 친구란 뭘까? 내가 힘들 때도 옆에 있어주는 그러한 친구를 좋은 친구라 말하고 싶다.

무료하고 심심하니까 그저 시간을 함께 보내기 위해서 친구를 찾는다면 그건 '우정'일 수 없다. 시간을 죽이기 위해 찾는 친구는 좋은 친구가 아니다. 상대방을 위해 만나는 친구야말로 믿을 수 있는 좋은 친구 사이라 할 수 있다.

친구 사이의 만남에는 서로 영혼의 메아리를 주고받을 수 있어야 한다. 너무 자주 만나게 되면 상호간에 그 무게를 축적할 시각적인 여유가 없다. 멀리 떨어져 있으면서도 마음의 그림자처럼 생각나는 그런 사이가 좋은 친구일 것이다.

좋은 친구를 만나려면 먼저 나 자신이 좋은 친구감이 되어

야 한다. 왜냐하면 친구란 내 부름에 대한 응답이기 때문이다.

사람이 하늘처럼 맑아 보일 때가 있다. 그때 나는 그 사람에게서 하늘 냄새를 맡는다.

행복은 더 말할 것도 없이 절제에 뿌리를 두고 있다. 생각이나 행동에 있어서 지나친 것은 행복을 침식한다. 사람끼리 만나는 일에도 이런 전제가 있어야 한다. 그러니 따뜻한 마음이 고였을 때, 그리움이 가득 넘치려고 할 때, 영혼의 향기가 배어 있을 때 친구도 만나야한다.

습관적으로 만나면 우정도 행복도 쌓이지 않는다. 내가 가진 게 아무것도 없어도 묵묵히 내 옆을 지켜주는 그런 친구. 솔직히 나에게 그런 친구가 있을까?

장담할 수 없다. 나에게 많은 친구들이 있지만, 그들이 과

연, 나의 진짜 친구들인지 생각해본다. 내가 힘들 때, 진심으로 같이 힘들어 해주고, 아플 때, 함께 아파해줄 수 있는 친구가 있는가 말이다. 뒤를 돌아보면, 그런 친구가 그렇게 많은 것 같지 않다.

평생을 살아가면서 이런 친구 하나 만들지 못했다면, 우리 자신을 다시 돌아보아야 한다.

나를 도와주고, 나를 사랑해줄 친구를 찾기보다, 내가 먼저 친구를 아끼고 배려해줄 때 좋은 친구를 찾을 수 있다. 좋은 친구를 만나고 싶거든, 내가 먼저 좋은 친구가 되어야 한다.

황진이의 연인

황진이(黃眞伊)는 조선 중기의 여류시인이자 기녀이며, 작가이자 서예가이고, 음악가이자 무용가이다. 적어도 직업이 여섯 가지나 되니 지금으로 말하면 투잡, 쓰리잡을 넘어서 식스잡이나 된다. 그녀는 중종·명종 때(16세기 초, 중순경) 활동했던 기생으로, 다른 이름은 진랑(眞娘)이고 기생 이름인 명월(明月)로도 알려져 있다. 중종 때 개성의 황씨 성을 가진 진사의 서녀(庶女)로 태어났으며, 생부에 대해서는 전해지지 않는다. 시와 그림, 춤 외에도 성리학적 지식과 사서육경(四書六經)에도 해박하여 사대부, 은일사(隱逸士)[3]들과도 어울렸다. 비교적 단명하였던 것으로 보인다.

황진이는 용모가 출중하며 뛰어난 총명과 민감한 예술적 재능을 갖추어 그에 대한 일화가 많이 전하고 있다. 미모와 가

3) 나라와 뜻이 맞지 않아 은둔하는 지방의 선비들

창뿐만 아니라 서사(書史)에도 정통하고 시가에도 능하였다.

황진이는 자존심도 강하여 당시 10년 동안 수도에 정진하여 생불(生佛)이라 불리던 천마산 지족암의 지족선사(知足禪師)를 유혹하여 파계시키기도 하였다. 박연폭포(朴淵瀑布) · 서경덕 · 황진이를 송도삼절(松都三絶), 즉 개성의 세 가지 절색이라 하였다고 전한다.

옛날엔 기생이 명기가 되려면 미색뿐 아니라, 글과 가무에 아주 능해야 했는데, 황진이가 그랬던 것 같다. 팔도의 많은 한량이 모두 황진이를 찾아가서 연정을 고백했으나 그때마다 황진이는 한량의 청을 들어주기는커녕 문제를 내어 그 문제를 푸는 조건을 내세웠다.

그러나 당대의 문장가라는 사람도 기생이 낸 글을 풀이하지 못하고 허탈하게 돌아갔다. 기생은 자신을 사모하는 한량이나 선비를 모두 이렇게 거절하고, 언젠가 자신의 글을 풀고 사랑을 나눌 임을 기다리며 평생 기생으로 가무와 글을 익혔다.

한량이라 하면 건달쯤으로 얼핏 알기 쉽지만 예전엔 한량이라 하면 사서삼경은 기본이고 서체가 좋고 마음이 넓으며 기백이 뛰어나고 인물 또한 출중하여 무엇보다 풍류를 알아야 했다.

하지만 내로라하는 한량들 어느 누구도 기생의 앞에서 문장과 지혜를 능가할 기량을 가진 한량은 없었다.

그러던 어느 날 남루한 중년의 선비가 기생집에 들었다. 기생집 하인들은 남루한 그를 문전박대하려 하였다. 이 소란을 목격한 기생은 선비가 비록 남루했지만, 범상치 않은 그의 기품을 알아보았다.

남루한 그를 대청에 모시고 큰 주안상을 봐 올린 후 그 선비에게 새 지필묵으로 이렇게 써 보였다.

점일이구 우두불출(點一二口 牛頭不出)

선비는 그녀의 글귀를 보고 빙그레 웃었다.

그리고 기생의 명주 속치마를 펼치게 한 후 달필로 이렇게 썼다.

"許."

순간 기생은 그 선비에게 일어나 큰 절을 삼배 올렸다.

절 삼배는 산자에겐 한 번, 죽은 자에겐 두 번, 세 번은 첫 정절을 바치는 남자에게 하는 여인의 법도이자 신하가 임금에게 하는 하례였다.

▲ 박연폭포 전경

그날 밤 그 선비와 기생은 만리장성을 쌓았다.

그리고 보름이 지난 후, 선비는 문창호지에 시 한 수를 적어놓고 홀연히 길을 떠나버렸다.

“물은 고이면 강이 되지 못하고 바람이 불지 않으면 꽃은 피지 아니한다. 내가 가는 곳이 집이요, 하늘은 이불이며 목마르면 이슬 마시고 배고프면 초근목피가 있는데 이보다 더 좋은 세상이 어디 있느냐?”

이후 기생은 그를 잊지 못하고 뼈에 사무치도록 그리워하며 비단 가죽 신발을 만들며 세월을 보냈다. 풍운아인 선비의 발을 편안하게 해주고 싶은 애틋한 사랑에 손마디가 부풀도록 가죽 신발을 손수 다 지은 기생은 마침내 가산을 정리하고 그 선비를 찾아 팔도를 헤매 다녔다.

정처 없이 팔도를 떠돌며 선비의 행방을 수소문하던 중 어느 날 선비가 절에 머물고 있다는 풍문을 듣고 찾아가 극적으로 재회를 했다.

기생은 선비와 꿈같은 재회의 하룻밤을 보내고 다시는 선비를 놓치지 않으리라 다짐하였다.

꿈같은 재회의 첫밤을 보낸 다음날 해가 중천에 올라도 움직일 기색이 없는 선비에게 그녀가 물었다.

“낭군님 해가 중천인데 왜 기침하시지 않으시온지요?“

그러자 선비는 두 눈을 감은 채, ‘절간엔 인심이 야박한 중놈들만 살아 오장이 뒤틀려 그런다.’고 했다.

기생은 선비의 말을 즉시 알아들었다.

급히 마을로 단걸음에 내려가 거나한 술상을 봐 절간으로 부리나케 돌아왔는데, 하룻밤 정포를 풀었던 선비의 방 앞 툇마루엔 선비 대신 지난밤 고이 바쳤던 비단 가죽신만 가지런히 놓여 있었다.

수년을 찾아 헤맨 끝에 재회한 선비가 홀연히 떠나버린 것을 알고 그녀는 망연자실했지만, 이내 선비의 고고한 심중을 깨달았다.

'선비의 사랑은 소유해도 선비의 몸은 소유할 수 없다.'는 것을 깨우친 그녀는 선비의 깊고 높은 큰 사랑을 받았다는 것으로 스스로 위로하며 평생 선비를 그리워하며 살았다.

이 기생이 유명한 평양기생 '황진이'다. 황진이는 평양기생으로 잘못 알고 있는데, 사실은 개성 기생이다. 개성 여인들은 미색이 뛰어나고 재주가 특출했다고 한다. 황진이가 그토록 사랑한 남자는 조선 중종 때 화담 서경덕이다.

황진이를 만났을 때 서경덕이 푼 황진이의 글 뜻은 점일이구(點一二口)는 글자대로, 글자를 모두 합치면 말씀 언(言) 자가 되고, 우두불출(牛頭不出)이란 소머리에 뿔이 없다는 뜻으로 소에서 머리(뿔)를 떼어 버리면 우(午) 자가 되는 것이다.

이 두 글자를 합치면 허락할 (許)자다. 결국 황진이는 서경덕에게 자신을 바친다는 뜻을 이렇게 사행시로 전한 것이다. 이 글자를 해석할 수 있는 능력이라면 자신을 송두리째 바쳐도 아깝지 않다고 생각한 것이다.

황진이가 기생으로 살다 죽은 것은 아마도 한 번 사랑한 마음을 변치 않기 위함이었는지 모른다. 요즘 사람들은 너무 쉽게 사랑하고 너무 쉽게 헤어진다. 이젠 이혼이 흠이 아니란 말도 한다. TV프로그램에서 버젓이 이혼한 사람들만 나와서 이야기하는 토크쇼도 있다. 맞지 않는 사람끼리 사느니 이혼하는 게 좋다는 생각도 들지만, 자기가 한 결정이라면 최선을 다해 사랑하고 책임지는 것도 필요하다는 생각을 해본다.

후회 없이 살았는지

얼마 전 숙취로 속이 쓰려 순댓국집에서 순댓국을 한 그릇 시켜놓고 기다리고 있는데, 음식점 출입문이 열리더니 여덟 살쯤 돼 보이는 여자아이가 어른의 손을 이끌고 느릿느릿 안으로 들어왔다.

두 사람의 너절한 행색은 한 눈에도 걸인임을 짐작할 수 있었다. 조금은 퀴퀴한 냄새가 코를 찌르고, 주인아저씨는 자리에서 벌떡 일어나 그들을 향해 소리쳤다.

"이봐요! 이렇게 손님이 없는데 다음에 와요."

아이는 아무 말 없이 앞 못 보는 아빠의 손을 이끌고 음식점 중간에 자리를 잡았다.

주인아저씨는 그때서야 그들이 음식을 먹으러 왔다는 것을 알았다.

"저어……. 아저씨 순댓국 두 그릇 주세요."

"응, 알았다. 근데 애야 이리 좀 와볼래."

계산대에 앉아있던 주인아저씨는 손짓을 하며 아이를 불렀다.

"미안하지만, 지금은 음식을 팔 수가 없구나. 거긴 예약 손님들이 앉을 자리라서 말이야."

그렇지 않아도 주눅이 든 아이는 주인아저씨의 말에 빛이 금방 시무룩해졌다.

"아저씨 빨리 먹고 나갈게요. 오늘이 우리 아빠 생일이에요."

아이는 찬 손바닥에 꽉 쥐어져 눅눅해진 천 원짜리 몇 장과

한 주먹의 동전을 꺼내 보였습니다.

"알았다. 그럼 빨리 먹고 나가야 한다."

잠시 후 주인아저씨는 순댓국 두 그릇을 그들에게 가져다주었다. 그리고 계산대에 앉아서 물끄러미 그들의 모습을 바라보았다.

"아빠, 내가 소금 넣어 줄게."

아이는 그렇게 말하고는 소금 대신 자신의 국밥그릇으로 수저를 가져갔다. 그리고는 자기 국밥 속에 들어있던 순대며 고기들을 모두 떠서 앞 못 보는 아빠의 그릇에 담아주었다.

"아빠, 이제 됐어. 어서 먹어. 근데 아저씨가 우리 빨리 먹고 가야 한댔으니까 어서 밥 떠. 내가 김치 올려줄게."

수저를 들고 있는 아빠의 두 눈에는 가득히 눈물이 고였다.

그 광경을 지켜보던 주인아저씨는 조금 전 자신의 행동에 대한 뉘우침으로 그들의 얼굴을 바라보지 못했다. 사람은 귀천이 없으나 스스로를 귀하게 할 수도 천하게 할 수도 있다.

이 글을 읽는 우리들만은 사람을 대함에 있어 외모로 판단하는 천한 사람이 되지 않기를 바라고, 일상의 행동이 이 아이의 효행처럼 세상에 좋은 빛이 되었으면 하는 바램이다.

한없이 부족하다 생각하면 한없이 부족하고, 한없이 감사하다 생각하면 한없이 감사하듯……, 더 못 가짐에 불평하지 말고, 덜 가진 이들을 돌아보며, 더 감사해하며 그들을 돌볼 수 있는 여유와 감사를 가지시길 바래본다.

인생 길지 않다. 우리가 눈 감는 날 "아름답게 살았다. 후회 없다."는 마음으로 눈 감을 수 있게 보람된 삶을 살 수 있는 우리가 되었으면 한다.

- 자료출처 : 좋은 글 중에서

12월이라는 종착역

정신없이 달려왔다. 넘어지고 다치고 눈물을 흘리면서 달려간 길에 12월이라는 종착역에 도착하니 지나간 시간이 발목을 잡아 놓고 돌아보는 맑은 눈동자를 1년이라는 상자에 소담스럽게 담아놓았다.

생각할 틈도 없이 여유를 간직할 틈도 없이 정신없이 또 한 해를 보내는 아쉬움을 남겨버린다. 지치지도 않고 주춤거리지도 않고 시간은 또 흘러 마음에 담은 일기장을 한 쪽 두 쪽 펼쳐보게 한다.

만남과 이별을 되풀이 하는 인생이다. 하나를 얻으면 다른 하나를 잃어버리는 삶이라지만 무엇을 얻었느냐보다 무엇을 잃어버렸는가를 먼저 생각하며 인생을 그려놓는 일기장에 버려야 하는 것을 기록하려고 한다.

살아야 한다는 것과 살아있다는 것. 두 가지 모두 중요하겠

지만 둘 중 하나를 간직해야 한다면, 살아있다는 것에 대한 의미를 소중히 여기고 싶다. 많은 시간을 잊고 살았지만 분명한 것은 버려야 할 것이 더 많다는 것을 꼭 기억하고 싶다.

버려야 할 것들에 대하여 하나 둘 생각해본다. 나는 12월을 보내면서 무엇을 버려야 할까?

남의 마음을 상하게 하면서까지 악착 같이 돈을 모으려 하진 않았는가? 남의 명예를 누르면서까지 내 명예를 드높이려 하지는 않았는가? 조금 더 오래살고 싶어서, 조금 더 젊어 보이고 싶어서 남의 이맛살을 찌푸리게 하는 행동은 하지 않았는가? 나이가 들었다고 유세를 떨며 젊은이들에게 손가락질을 받는 행동을 하지는 않았는가? 한 해가 저무는 마당에 서서 나를 되돌아본다.

- 자료출처 : 좋은 이야기 중에서 -

봄의 향기

산골짜기 잔설이 채 녹기 전에 봄은 소리 없이 여린 듯 강한 듯 살랑살랑 다가왔다. 겨울을 살금살금 밀어내 계곡의 맑은 물소리는 우리네 어두운 마음을 씻어가는 듯, 한결 가슴이 한결 트인다.

각박한 일상에서 뜻밖에 마주친 예쁜 꽃 한 송이는 만나 발걸음 이 한결 가벼워진다. 눈을 들어 하늘을 우러러 보면 하늘이 높아졌고 나뭇가지마다 봄에 화사한 꽃이 자태를 뽐내려고 한다. 추운겨울 내내 참고 잘 견뎌낸 꽃망울을 쳐다보며 내 얼굴에도 봄의 흔적이 묻어나는 것 같아 기분이 좋아 진다.

거실에도 화분의 꽃이 봄을 재촉하는 듯 미소를 머금고 있고. 높은 산을 보면 기운이 담겨져 있어 내 몸에 전이 되는 느낌이 든다. 꽃을 보며 아름다움을 배우고, 눈을 뜨고 마음을 열면 모든 것이 다 경이로운 깨달음을 얻을 수 있는 대상이 되는 것 같아 몸이 가벼워지고 생명력이 넘쳐난다.

우리는 흔히 봄을 칭송할 때 만물이 생장하는 계절이라고 한다. 사람에게는 젊은 시절이 한 번 오지만, 만물에게는 매년 젊은 시절이 다시 온다.

몸이야 한 번 늙어지면 다시는 젊음으로 회복하기 어렵지만, 마음만은 얼마든 젊어질 수 있다. 아름다움을 내 마음 안으로 들여놓자. 꽃을 들여놓듯이 봉사의 마음이나 나눔의 마음을 내 안으로 들여놓고 해마다 돌아오는 봄처럼 내 마음의 봄을 유지하자.

아무 것도 되가져갈 수 없는 인생이다. 재산을 남겨주면 자식들이야 좋겠지만, 그가 새로 개척할 무궁하고도 설레는 미래를 조금이라도 빼앗는 셈이 된다. 한꺼번에 모두 기부하면 당장 나는 노동을 나가든지 들에서 푸성귀를 뜯어다 팔아야 하니, 조금씩이라도 기부하고 나누면서 살자. 봄이 우리에게 해마다 새로운 새싹을 주고 새로운 꽃을 선물하는 것처럼.

삼인행필유아사(三人行必有我師)

공자(孔子)가 진(陳)나라를 지나갈 때 이런 일이 있었다. 공자는 전에 어떤 사람에게서 진기한 구슬을 얻었는데, 이 구슬의 구멍이 아홉 구비나 되었다. 그는 이것을 실로 꿰려고 여러 가지 방법을 다 써 보았지만 성공할 수 없었다.

문득 바느질을 하는 아낙네들이라면 어렵지 않게 꿸 수 있으리라는 생각에 이르게 되었다. 그래서 가까이 있던 뽕밭에서 뽕잎을 따고 있던 아낙네에게 그 방법을 물었다. 공자의 이야기를 듣고 난 그 아낙은 이렇게 말했다.

"찬찬히 꿀[蜜]을 두고 생각해 보세요."

공자는 그 아낙의 말대로 골똘히 생각해 보았다. 잠시 후 그녀의 말의 의미를 깨닫고 "그렇지."하고 무릎을 탁 쳤다. 그리고는 나무 아래에 왔다 갔다 하는 개미를 한 마리 붙잡아 그 허리에 실을 묶고는 개미를 구슬의 한쪽 구멍에 밀어 넣

고, 반대편 구멍에는 꿀을 발라 놓았다. 그 개미는 꿀 냄새를 맡고 이쪽 구멍에서 저쪽 구멍으로 나왔다. 이리하여 구슬에 실을 꿸 수 있게 되었다.

공자는 배우는 일에 있어서는 나이의 많고 적음이나 신분의 높고 낮음에 관계하지 않았다. 그래서 공자의 이와 같은 언행을 두고 불치하문(不恥下問)이라고도 한다. 그가 "세 사람이 길을 가면 그 중에 반드시 나의 스승이 있다.(삼인행필유아사(三人行必有我師)"라고 하여 세 사람이 어떤 일을 같이 할 때에는 선악(善惡) 간(間)에 반드시 스승으로서 배울 만한 사람이 있는 법이라 하였다.

그런데 요즘은 세 사람이 모두 멍청하거나 세 사람이 모두

악한 경우를 자주 본다. 이를테면, 자기들의 이득을 위해 힘을 합치는 사람들, 즉 집단이기주의를 두고 한 말이다. 그 사업의 뜻이 얼마나 좋은 것이든, 사람들은 자기들의 이득이 손해되면 집단으로 반대하고 소송을 걸기도 한다.

또 공동체야 어떻게 되든 간에 자신들의 뜻을 굽히지 않고 무조건 반대하는 무리도 많다. 적어도 세 사람 이상이 어떤 일을 도모하려면, 그 일이 지금껏 해온 그 집단이나 단체에 유해한 일은 아닌가, 전통이나 미풍양속을 해치는 일은 아닌가, 생각해보아야 한다.

5부
삶의 지혜

능소화의 전설

능소화는 금등화(金藤花)라고 하여 황금색 등나무덩굴 꽃이라 불리기도 했다. 옛날에는 능소화를 양반집에만 심을 수 있었다는 뜻으로 "양반꽃"이라 부르기도 했고 "구중궁궐의 꽃"이라고 전해 내려온다.

옛날에 자태가 고운 어여쁜 궁녀가 임금의 눈에 띄어 하룻밤 사이 빈의 자리에 앉게 되었다. 하여 궁궐의 어느 곳에 처소가 마련되었으나 어찌된 일인지 임금은 그 이후로 임금은 빈의 처소에 한 번도 찾아오지 않았다.

그녀는 혹시나 임금이 자기 처소에 가까이 왔는데, 돌아가지는 않았는가 싶어 담장을 서성이며 기다리고 또 기다렸다. 임금의 발자국소리라도 나지 않을까, 그림자라도 비치지 않을까 담장을 너머를 쳐다보며 안타까이 기다림의 세월이 흘러가고 있었다.

그러던 어느 여름날 기다림에 지친 이 불행한 여인은 상사병으로 세상을 뜨게 되었다.

권세를 누렸던 빈이었다면 장례절차도 거창했겠지만 잊혀진 구중궁궐의 한 여인은 장례절차 조차도 치러지지 않은 채 담장 가에 묻혔다.

"내일이라도 오실 임금님을 기다리겠노라."고 한 그녀의 유언을 시녀들은 그대로 시행했던 것이다.

그 후, 빈의 처소 담장에는 화려한 꽃이 피었으니 그것이

능소화(凌霄花)다. 담장보다 훨씬 높이 올라가는 꽃으로 능가할 능(凌), 하늘 소(霄)자를 써서 참고 견디기 어려웠던 것이 하늘을 능가하는 꽃으로 이름 붙여졌다.

아무튼 능소화는 세월이 흐를수록 더 많이 담장을 휘어 감고 그 위로 얼굴을 내미는데, 그 꽃모습에 반해 꽃을 따다 가지고 놀면 꽃의 독성이 있어서 눈에 들어가면 실명을 한다는 이야기가 있다. 그러나 최근의 분석결과는 독성은 없고 알레지 물질이 있는 것으로 밝혀졌다.

가장 아름다운 자세로 기다리는 것이 사랑이라는 것을 생각하며 슬프고도 아름다운 사랑 이야기를 하나 더 소개한다.

또 다른 일화를 소개한다.

만년설로 뒤덮인 히말라야의 깊은 산간 마을에 어느 날 낯선 프랑스 처녀가 찾아왔다. 그녀는 산간 마을에 머물며 매일같이 강가에 나가 누군가를 하염없이 기다리는 것이었다.

날이 가고 또 한 해가 가고, 고왔던 그녀의 얼굴에도 어느덧 주름살이 하나 둘 늘어갔다. 까맣던 머리칼도 세월 속에 묻혀 하얗게 세어갔다.

그러던 어느 날 이젠 하얗게 머리가 쇠어 할머니가 되어 강가에 앉아있는 그녀 앞으로 저 멀리 상류로부터 무언가 둥둥 떠내려 왔다.

그것은 다름 아닌 한 청년의 시체였다. 바로 이 여인이 일생을 바쳐 기다리고 기다렸던 젊은 시절의 사랑하는 약혼자였다. 그 청년은 히말라야 등반을 떠났다가 행방불명된 그 여인의 약혼자였다.

그녀는 어느 날엔 가는 꼭 눈 속에 묻힌 자신의 약혼자가 조금씩 녹아 흐르는 물줄기를 따라 떠내려 오리라는 것을 믿고 그 산골 마을 강가를 떠나지 못하고 오래도록 기다려 왔던 것이다.

이젠 보잘것없는 할머니가 되어버린 그녀는 몇 십 년 전 히말라야로 떠날 때의 청년의 모습 그대로인 약혼자를 끌어안고 한없이 입을 맞추며 울었다고 한다.

평생을 바쳐 이룩한 가슴 저미도록 슬픈 이야기가 오늘도 山 사람들의 입을 통해 전해 내려오고 있다.

두 이야기는 사랑하는 사람을 기다리는 여인들의 이야기다. 사랑하는 사람을 위하여 한평생을 바칠 수 있는 희생은 용기 있는 자만이 할 수 있는 행동이다. 오지 않는 사랑을 기다리는 것이 무모한 행동 같지만, 그것은 인간이 할 수 있는 가장 아름다운 행동이라고 나는 생각한다.

록펠러 이야기

▲ 록펠러

석유사업가 록펠러(1839-1937)는 인류 역사상 최고 부자가 되었지만, 55세에 그는 탈모를 동반한 희귀병으로 1년 이상 넘기지 못한다는 사형선고를 받았다. 한참 일할 나이에, 그것도 최고의 전성기를 맞이하여 하루 100만 달러를 벌기도 한 그가 이제 시한부 인생을 사는 처지에 놓이게 된 것이다.

그는 밤잠을 이루지 못하고 괴로운 나날을 병원에서 보내면서 병원 로비에 붙은 "주는 자가 받는 자보다 복이 있다."라는 그 글을 보는 순간, 마음속으로부터 "내 소유한 이 재산이 무슨 소용이 있는가?"하는 전율이 생기고 눈물이 났다.

그는 눈을 지그시 감고 오랜 생각에 잠겼다. 조금 후 병원 로비에서 시끄러운 소리에 들어보니 입원비 문제로 다투는 소리였다.

병원 측에서는 병원비가 없으면 입원이 안 된다고 하고, 환자의 어머니는 아이를 입원 시켜달라고 울면서 사정을 하고 있었다.

록펠러는 곧 비서를 시켜 병원비를 지불하고 나눔의 삶을 살기 시작했다고 한다.

얼마 후 은밀히 도운 소녀가 기적적으로 회복이 되어 건강한 모습으로 퇴원을 하게 되었다. 그 모습을 지켜보던 록펠러는 얼마나 기뻤든지, 나중에는 자서전에서 그 순간을 이렇게 표현했다.

"저는 살면서 이렇게 행복한 삶이 있는지 몰랐습니다."

록펠러의 삶은 이때부터 달라지게 되었다. 그는 나눔의 삶을 살기로 작정하고 록펠러 재단을 세워서 고아원, 교회, 병원, 대학 등에 엄청난 재산을 기부했다.

그와 동시에 신기하게 그의 병도 사라졌다. 그리고 그는 43년간을 더 살아 그는 98세까지 살며 선한 일에 힘썼다.

나중에 그는 회고하였다.

"인생 전반기 55년은 쫓기며 살았지만, 후반기 43년은 행복하게 살았습니다."라고 록펠러의 전기에 기록하였던 것이다. 우리는 자식을 기를 때 대가를 바라지 않는다. 자식의 입에 먹을 것이 넘어가는 것만 보아도 행복하였다. 그런 마음으로 나눈다면 세상은 정말 환한 세상이 될 것 같다.

사또의 명 판결

옛날 한 부자가 길에서 돈 자루를 잃어버렸다. 돈을 찾을 수 없었던 부자는 돈을 찾아주는 사람에게 사례금으로 100냥을 주겠다고 광고했다.

며칠 후 한 한 소년이 돈 자루를 들고 부자에게 찾아왔다. 부자는 기뻐하면서도 100냥을 소년에게 줄 것을 생각하니 아까워서 견딜 수가 없었다.

부자는 잠시 고민 끝에 소년에게 말했다.

"돈이 꼭 백 냥이 모자라는데 네가 미리 사례금을 챙긴 모양이구나. 이렇게 돈을 찾아주어서 고맙구나. 이제는 그만 가보아라."

소년은 부자의 행동에 어이가 없고 또 화가 났다. 그래서 마을 사또를 찾아가 사정을 호소하였다. 또는 부자와 소년을 불러서 먼저 소년에게 물었다.

"너는 자루에서 돈을 꺼낸 일이 있느냐?"

"없습니다."

사또는 부자에게 물었다.

"자네가 잃어버릴 때 돈 자루에는 얼마나 들어 있었나?"

"500냥입니다."

"소년으로부터 받을 때는 얼마나 있었느냐?"

"400냥입니다."

"그럼 이 자루는 잃어버린 사람이 다른 사람인가 보구나! 돈 자루를 잃어버린 당신은 500냥이 들어 있는 자루를 다시 찾아보아라. 그리고 이 돈 자루는 진짜 주인이 나타날 때까지, 이곳에서 보관하다가, 한 달 동안 주인이 나타나지 않으면 절반은 어려운 사람들을 위해 사용할 것이고, 나머지 절반은 이 소년에게 줄 것이다."

사또는 그렇게 판결을 내렸다. 지나친 욕심은 일을 그르치게 한다.

세익스피어의 소설 『베니스의 상인』에서 가난한 안토니오는 고리대금업자 샤일록에게 돈을 빌리게 된다. 고리대금업자 샤일록은 돈을 빌려주며 만약 돈을 기일 안에 갚지 못할 때

매달 살 한 근씩을 베어가겠다고 했다. 돈을 제때에 갚지 못한 안토니오에게 샤일록은 칼을 들이대 살을 베려 했지만 재판관은 살만 베어가고 피는 내지 말 것을 주문했다. 돈을 못 갚을 시에 살을 베어가기로 했던 샤일록은 돈을 갚지 못한 안토니오의 살을 베어가지 못했음으로, 재판관은 안토니오에게 돈을 갚지 않아도 좋다는 판결을 내린다.

무리한 요구는 자신을 망치게 된다는 교훈이다.

아홉 번 장원급제한 이율곡

한국의 역사상 현인의 경지에 근접한 인물을 꼽으라면 사람마다 관점의 차이는 있겠지만 신사임당의 아들인 율곡 이이 선생을 꼽는데 누구도 주저하지는 않을 것이다. 잘 알려진 바와 같이 율곡 선생은 말을 하기 전 이미 학문을 깨우쳤고, 9번의 과거시험에 모두 장원으로 급제한 인물이다.

우리 역사상 전무후무한 일이며 또한 예언자적 능력도 뛰어나 임진왜란을 미리 예견하고 10만 양병설을 주장했다. 그는 정치, 경제, 국방 등 모든 분야에 식견이 탁월한 정치가요, 사상가이며, 교육학자였고, 철학자였다.

그의 가문은 세계적으로 모자가 화폐의 초상화로 나온 가문이다. 어머니는 오만원권, 율곡은 오천원권에 등재되었으니 말이다.

그러나 천재는 단명이라고 했던가? 그는 타고난 건강이 좋

지 않아 49세의 나이로 세상을 마감했다.

이율곡을 백과사전에 찾아보니, "조선 시대의 학자·정치가(1536~1584). 이름은 이(珥)이며 자는 숙헌(叔獻), 호는 율곡(栗谷), 석담(石潭), 우재(愚齋)이고, 시호는 문성(文成)이다. 1564년에는 생원시(生員試), 식년 문과(式年文科)에 모두 장원하여 호조좌랑(戶曹佐郎)에 초임되었다. 이후 동부승지(同副

承旨), 우부승지(右副承旨), 병조참지(兵曹參知), 대사간(大司諫), 동지중추부사(同知中樞府事)를 거쳐 이조, 형조, 병조 판서(判書), 우참찬(右參贊)을 역임했다. 학문으로는 이기론(理氣論)에 있어서 기(氣)의 독자성을 중시하는 이론을 주장하였다. 이황(李滉)과 더불어 조선 시대 유학의 쌍벽을 이루는 학자로 기호학파(畿湖學派)의 연원을 열었다. 저서로는 『성학집요(聖學輯要)』, 『격몽요결(擊蒙要訣)』, 『율곡전서(栗谷全書)』 등이 있다."고 나와 있다.

그는 49세에 세상을 하직했다. 지금은 49세가 젊은 나이일 수 있겠으나 16세기인 1,500년경의 49세는 평균수명을 웃도는 나이였다. 율곡보다 100년 전쯤의 인물인 남이 장군은 "남아이십미평국(男兒二十未平國)이면 후세수칭대장부(後世誰稱大丈夫)리요."라고 하였다. "남자 나이 스무 살에 나라를 평정치 못한다면 후세에 누가 대장부라 하겠느냐?"고 했으니 조상들의 젊은 시절의 기개를 알 수 있을 것 같다. 또 율곡 선생보다 250년 후의 신채호 선생은 스무 살에 그렇게 어려운 『조선상고사』라는 저서를 남겼다고 한다. 지금은 스무 살이면, 방에서 게임이나 하고 어리광이나 부릴 나이다. 그러나 일찍 뜻을 세우면 얼마든지 큰 사람이 될 수 있다.

우리 청년들이 게임과 만화도 좋지만 좀 더 일찍 뜻을 세워 자신의 인생을 개척해나갔으면 좋겠다. 오십이 다 되어도 장가를 들지 못하고 부모의 속을 썩이는 자식이 많은 세상이다 보니 안타까운 생각이 들어서 하는 말이다.

엄마의 젖

전 세계가 코로나바이러스 감염피해로 많은 사람들이 죽어 가고 있음에도 국내에서 생후 27일 된 최연소 코로나 바이러스 감염증 확진자인 신생아가 모유(母乳) 수유만으로 입원 19일 만에 회복했다는 소식을 접했다.

입원한지 19일 만에 퇴원한 코로나에 감염된 아기에게 입원 기간 항바이러스제나 항균제를 투여하지 않고 모유 외에 다른 것을 먹거나 공급하지 않았는데도 완치됐다며 약물 투여 없이 모유만을 먹으며 자연 치유됐다는 것이다. 산모도 확진 판정을 받았음에도 모유에서는 바이러스가 검출되지 않았다고 밝혀졌다.

조물주가 종족 번식을 위해 모유에는 절대 신생아에게 위해가 되는 물질은 접근을 금지하도록 인체가 만들어진 것이다. 실로 오묘한 구조라 할수 있다.

이 아이의 몸에서 검출되는 바이러스양은 한때 엄마의 100배에 달할 정도로 검출량은 높은 수준으로 유지됐지만, 꾸준한 모유에서 나오는 면역물질로 코로나 바이러스를 극복한 경이적인 사례를 보면서 엄마의 젓이 신생아에게 얼마나 필요하고 위대한 존재인지를 깨닫게 하는 훌륭한 사례가 되었다.

인간이나 동물들이 태어나 제일 처음 입으로 넘기게 되는 것이 젓이다. 젓은 새로운 생명체에게 꼭 필요한 영양성분과 평생을 살아가는 데 가장 필요한 면역 성분들이 함유되어 있다. 모유에는 대변을 묽게 하는 성분이 함유되어 있어 아기가 대변을 쉽게 볼 수 있도록 도와주며 또한 아기의 식도부터 위, 소장과 대장을 거쳐 청소해주는 역할을 한다.

세상에 첫 나들이를 나선 아기가 온갖 바이러스로부터 자신을 지켜낼 중요한 면역 성분도 이 모유를 통해 전해준다. 아기에게 필요한 면역체와 면역체를 만드는 단백질을 비롯해 아기를 보호해주는 많은 물질들이 함유되어 있는 것이다.

모유는 아기의 연령에 따라서 영양성분이 달라지는데, 미숙아를 낳은 여성의 모유에는 고단백질 성분이 많아 성장이 모자란 아기에게 집중적으로 영양을 공급하며 아기에게 무엇이 필요한지 엄마의 몸이 자동적으로 계산하고 또 아기가 성장해 갈수록 자연스레 더 많은 열량을 필요로 하게 되는데 이때 모유의 열량도 함께 높아진다. 마치 엄마의 몸에 아기를 위한 자동화 기계가 부착된 것처럼 아기와 모유가 함께 성장하는 것이다.

면역 물질은 몸속의 독성 물질과 낯선 침입자들을 중화시켜

주는데, 이는 초유에 가장 많이 함유된 물질이라고 한다. 면역력이 약한 신생아들이 무방비 상태의 아기에게 무엇이 가장 필요한지를 알아서 충족 시켜주는 오묘한 섭리임을 알 수 있다.

두뇌 활동의 집중력을 높여주는 성장 인자, 세균이 우리 몸으로 침투하는 것을 막아주는 항균성분, 낯선 환경에서 생길 수 있는 알레르기 방지 성분, 질병을 일으키는 박테리아를 파괴해 그 항체를 수년간 또는 평생 유지시키는 면역 성분 그리고 우리 몸에 각종 바이러스에 대항하여 싸우고 상처를 치료해주는 T세포의 생산을 촉진시키는 성분도 이 모유 속에 들어 있다.

모유는 쉽게 변질 되지 않는 성질도 지니고 있어 섭씨 25도에서 8시간을 보관할 수 있으며 섭씨 4도에서도 5일을 보존해도 가능한 것으로 나타났다.

모유를 먹이는 과정을 통해 어머니의 젖도 더욱 발달하게 되어 이후에 젖이 더욱 잘 돌게 하는 것도 모유의 중요한 역할이다.

또 모유의 성분은 기후에 따라서도 달라진다고 전한다. 더운 지방의 엄마들은 수분 함량이 높은 모유를 생산해내고, 추운 지방의 엄마들은 지방 함량이 더 높은 모유를 생산한다고 한다.

인간이 태어나 처음 접하는 먹거리인 모유. 우리가 음식 섭취를 통해 얻고자 하는 건강과 행복의 메시지가 이미 어머니의 몸을 통해 계획되어 있었음은 참으로 신기하기까지 하다.

고생스러운 과정을 거치면서 꼭 모유를 먹여야 하는 이유는 분명히 있다. 아이를 낳고 엄마의 젖샘인 유선에서 자연적으로 생기는 아이의 첫 음식인 모유는 어떤 대체 음식과 비교할 수 없는 완벽한 물질이기 때문이다.

과학문명이 발달 되었지만 인공적으로 엄마의 젖을 능가하는 물질은 불가능할 것으로 여겨진다.

엄마 젖의 신비로운 비밀은 밝혀지기 어려운 인류의 난제일 것이다.

여인의 재치

옛날에 여자들 희롱하기를 즐기는 한 사람 살고 있었다. 그는 한양 장안을 휘젓고 다니는 한량이었는데, 이번에 사천 고을 원님으로 관직을 부여받아 한껏 부푼 마음으로 임지로 가는 길이었다.

거들먹거리며 길을 가던 원님은 강을 만나서 배를 타고 건너게 되었다. 그런데 공교롭게도 뱃사공이 젊은 여인이었다.

사천 원은 장난기가 발동해서 여인에게 말했다.

"내가 자네 배에 올라타니 기분이 그만이군."

여인의 얼굴이 빨개지자 사천 원이 실실 웃으며 물었다.

"그래 남편의 성이 무엇인고?"

"백 서방이라오."

"어허 이런! 백 서방을 모시려면 고생이겠군……. 하나도 힘

든데 백 명이라니 말이야. 하하."

그러자 여인이 물었다.

"그러는 댁은 뭐 하는 분이오?"

"나는 사천 고을 원이라네."

"그래요? 댁의 마님도 참 안됐습니다."

"아니 그건 왜?"

"나야 백 서방뿐이지만 일이천도 아닌 사천 원님을 모시려면 그 고생이 오죽하겠소?"

그러자 사천 원은 말문이 탁 막히고 말았다.

마침 배가 건너편에 이르러서 사천 원이 배에서 내리자 여인이 소리쳤다.

"잘 가거라, 아들아!"

"아니 아들이라니, 이게 무슨 말이냐?"

"아~ 내 배에서 나갔으니 내 아들이 아니오?"

사천 원은 다시 말문이 꽉 막힌 채 혀를 내두르고 말았다는 이야기다.

농담도 할 자릴 보고 해야지 함부로 농담을 했다간 큰 코를 다치게 된다는 교훈이다.

인지위덕(忍之爲德)

"인지위덕(忍之爲德)"이란 "참음으로 덕을 이룬다."라는 뜻이다.

옛날에 충청도 연산김씨 집에서 아들을 결혼시켜 살림을 내어주었다.

어느 봄날, 아들은 팔도 구경을 다니다가 어느 주막에 들어가 술을 시켜서 마시고 있는데, 웬 영감 한 사람이 들어서면서 "내가 술을 한 잔 먹고 싶은데, 청년보고 달라고는 못하겠다."고 말하였다.

아들은 할 수 없이 마시려던 술 한 잔을 영감에게 주었다. 그러면서 '돈이 없어 술값은 낼 수 없으니, 술값으로 말이나 하나 가르쳐준다.'고 하면서, "인지위덕(忍之爲德)을 잊지 말라."고 하였다.

유람을 하고 어느 날 저녁에 집에 돌아왔는데, 집 밖에서

보니 방안에 등잔불이 켜 있는데, 방문으로 비녀를 찌른 각시 모습과 상투를 쓴 사람이 서로 두 손을 잡고 있는 모습이 비쳤다.

아들은 필시 마누라의 샛서방이라 생각하여 몽둥이를 들고 뛰어들려고 하다가 '인지위덕'을 생각해내고는 몽둥이를 집어던지고 마음을 다잡았다.

한쪽으로는 참으면 덕이 된다고 하는 소리가 나오고, 한쪽에서는 부아가 난 속이 부글부글했다. 간신히 마음을 추스르고 방문 앞에서 기침을 하고 인기척을 냈다.

그러자 마누라 뒤에 있던 상투쟁이가 갑자기 숨어 버리는 모습이 문 그림자를 통해서 비쳤다. 인기척에 마누라가 문을 열고 나와 애교를 떨며 반가이 맞았다. 아들은 마누라가 샛서방질을 하다가 들켜서 자기 앞에서 애교를 떠는 것이라 생각하였다.

화가 머리끝까지 났지만 그는 속으로 '인지위덕, 인지위덕.' 하며 마음을 진정시켰다.

그렇지만 방안을 둘러보는 눈길은 매서웠다. 방안을 둘러보니 상투쟁이가 숨을 곳은 없었는데, 방바닥에 깔아 놓은 이불이 도톰했다.

틀림없이 저기에 숨어 있을 것이라고 생각한 아들은, '저놈이 일어나서 나를 해치면 대항해야겠다.'하고 속으로 생각하고는 윗목에 발끈 쪼그리고 앉았다.

그런데 마누라가 갑자기 이불을 훌쩍 제쳤다.

아들은 깜짝 놀라 토끼눈을 하고 "인지위덕, 인지위덕."만을 되뇌었다.

그때 마누라가 "일어나거라."하니 상투쟁이 남복 차림을 한 놈이 윗목으로 올라왔다.

아들이 깜짝 놀라자 마누라가 "인사드려라."라고 하면서 "아, 애 모르요? 처제도 몰라요?" 하였다.

사연을 들으니, 처갓집에 멸문지환이 나서 구족이 멸할 상황이 되므로 아버지가 작은딸을 남장을 차려 내려 보냈다는 것이었다.

술 한 잔에 '인지위덕'을 들은 덕으로 죽을 뻔한 처제를 살린 것이다.

화를 참지 못하여 낭패를 당한 이야기를 하나 더 해보자.

옛날 어느 마을에 여우가 살았는데, 배가 고픈 여우는 근처 농부의 집에 몰래 들어가 닭을 물어갔다.

농부는 "오죽 배가 고팠으면 그러랴?"라고 생각하고 참기로 했다.

이튿날 여우가 또 나타나 이번에는 오리 한 마리를 물어갔다. 농부는 이번에도 한 번 더 참기로 했다.

며칠 후 여우가 또 닭을 물어가자 화가 난 농부는 덫을 놓았고, 마침내 여우를 잡았다

농부는 그냥 죽이는 것으로 분이 풀리지 않아, 여우 꼬리에 짚을 묶은 후 불을 붙였다. 여우가 괴로움을 견디지 못해 이리저리 뛰어다니다가 밀밭까지 갔다.

그 밀밭은 농부가 여름내 땀 흘려 농사를 지은 곳이었다. 여우가 지나갈 때마다 불길이 번졌고 밀밭은 순식간에 재로 변했다.

한 번만 더 참았으면 피해를 덜 끼쳤을 일인데…….

옛말에 '참을 인(忍)자 세 개면 살인도 면한다.'고 했다. 요즘 사람들은 분노를 조절하지 못하는 분노조절장애를 가진 사람들이 많다. 아무 때나 대상이 누구든지 간에 불쑥불쑥 화를 내는 사람들이 있다. 최근 서울역 지하철 에스컬레이터에서 내리는 여성을 때리고 달아난 남자가 있었는데, 그런 사람들이 분노를 조절하지 못하는 사람들이다. 이런 사람들을 위하여 분노조절치유센터를 운영하는 직업도 생겨났다. 이는 빨리빨리 문화와 혼자 먹고 혼자 노는 문화에서 생겨나는 것이라 보아진다.

참고 견디면 좋은 날이 온다고 옛 어른들은 누누이 말해왔다. 조금 손해를 보는 것 같더라도 조금 참고 견뎌보자. 그러면 내가 주인 되고, 내가 어른이 되며, 내가 칼자루를 쥐게 된다. 벌컥벌컥 화내다가는 패가망신하기 십상이라는 교훈이 위 두 가지 일화에서 얻는 교훈이다.

찔레꽃의 전설

고려 때, 어느 산골 마을에는 '찔레'라는 소녀가 살고 있었다. 그녀는 얼굴이 예쁘기도 했지만 예의도 바르고 착했다. 그녀가 얼마나 예뻤던지, 사람들은 궁녀로 끌려갈 것이라고 소근대기도 했다.

그러던 어느 날, 그녀는 궁궐로 간 것은 아니지만, 몽골로 끌려가는 신세가 되었다. 당시에는 북방 몽골족에게 매년 처녀를 바치는 풍습이 있었다.

'찔레'를 받아들인 몽골족 주인은 마음씨가 워낙 좋아서 '찔레'에게 호된 일을 시키지 않았음은 물론 오히려 편안히 잘 지낼 수 있도록 모든 것을 살펴주었다.

그래서 '찔레'의 몽골 생활은 공주처럼 호화롭고 자유로웠다. 그러나 '찔레'의 머릿속에는 언제나 그리운 고향, 그리운 부모, 그리고 그리운 동생들 생각으로 가득했다. 가난해도 고

향이 좋고 지위가 낮아도 내 부모가 좋고 남루한 옷을 입어도 내 형제가 좋았다.

그는 "고향에는 아름다운 꽃들이 무수히 피어났겠지. 부모님과 동생들은 잘 지내고 있겠지."라는 생각에 휩싸여 있었다.

지극히 '찔레'를 사랑해준 부모님, 말썽을 부리고 심술을 피웠건만 그립고 그리운 동생들, 그리고 그리운 고향 향수는 그 무엇으로도 달랠 수 없었다.

세월은 흘러 10년째 되던 어느 날 '찔레'를 가엾게 여긴 몽골 주인은 사람을 고려로 보내서 '찔레'의 가족을 찾아오라고 했다.

그러나 10년이라는 긴 세월이 흐르는 동안 '찔레'의 고향집에도 많은 변화가 생겨서 고려로 갔던 사람은 '찔레'의 가족을 찾지 못하고 그냥 몽골로 돌아오고 말았다.

'찔레'의 고향에 대한 향수는 이루 말할 수 없었다. 도저히 이대로는 살아갈 수 없을 것 같았다. 그래서 그녀는 고향으로 돌아가기로 마음을 굳게 먹었다.

"주인님. 저를 한 번 고향에 다녀올 수 있도록 허락해주세요."

"그래, 그렇게 하려무나."

몽골 주인은 '찔레'의 간절한 소망을 쉽게 허락해주었다.

'찔레'는 고맙다는 인사를 하고 혼자 고향의 가족을 찾아 고려로 떠났다. 고려로 돌아온 그녀는 동생의 이름을 부르며 여기저기 산속을 헤맸다. 그러나 끝내 그리운 동생을 찾지 못했다.

슬픔에 잠긴 '찔레'는 오랑캐의 나라로 다시 돌아가서 사느니 차라리 죽는 것이 났다고 생각했다. 죽어도 고향에서 죽고 싶었던 것이었다.

'찔레'는 몇 날 며칠을 찾아 헤매다가, 끝내 고향 근처에서 지쳐 죽고 말았다.

그 후, 그녀가 동생을 찾아 헤매던 골짜기, 산, 개울마다 그녀의 마음은 흰 꽃이 되고, 그녀가 흘린 눈물은 붉은 꽃이 되고, 동생을 부르던 그 아름다운 소리는 향기가 되어서 온 산천에 아름답게 피어났다. 그 꽃 이름이 '찔레꽃'이다.

침묵의 방조자

'버스 44'라는 영화가 있다. 중국에서 2011년도에 발생된 실화를 바탕으로 제작된 단편영화다.

여성 버스기사에게 3명의 못된 인간들이 성희롱을 할 때 승객들은 모두 자기 일이 아니라며 모른척하고 있었다. 그때 중년남자 한 명이 방관하지 않고 운전기사를 보호하다가 구타를 당했고, 급기야 성희롱범들은 버스운전기사를 끌고 가서 성폭행을 하였다.

얼마 후 그들과 버스기사가 버스로 돌아와서 출발하기 직전에 운전기사가 중년남자를 다짜고짜 내리라고 하였다. 중년남자가 황당해하면서 '아까 내가 당신을 도와주려 하지 않았느냐?'며 의아해하니 기사가 당신이 내리지 않으면 출발하지 않는다고 버티자 승객들이 힘을 합쳐서 중년남자를 끌어내리고서야 출발을 했다.

얼마 후 중년 남자는 버스기사와 버스에 승차했던 사람들 전원이 사망했다는 소식을 접하게 된다.

버스기사는 유일하게 악행을 제지했던 중년남자를 살리고 방관하던 승객들 모두를 지옥으로 보냈던 것이다. 나 몰라라 방조했던 손님들은 중년의 남자를 버스 밖으로 몰아내는데는 적극적이었다고 한다.

조국 광복을 위해서 희생한 선현들과 4.19혁명과 5.18민주화운동 등 불의에 항거해서 희생한 영령들이 있어 지금의 자유를 누릴 수 있다는 것을 다시 한 번 되돌아보는 기회로 생각한다. 우리는 침묵의 방조자가 되지 말아야 한다. 이순신 장군의 생즉필사 사즉필생(生卽必死 死卽必生, 살고자 하면 죽고 죽고자 하면 산다."라는 명언이 생각난다.

한자상식

국한문을 병행해서 사용하는 문화에서 한자를 사용하고자 할 때면 어떤 글자를 선택할지 망설여질 때가 있다. 또 하면 유사한 직종(職種)의 한자가 다르게 쓰여지는 경우가 있다.

직업 밑에 사(士 선비사, 師 스승사, 使 부릴사, 事 일사)는 어떻게 사용해야 할까?

사(事, 일사)가 붙은 것은 그러한 일을 맡은 사람이라는 뜻이라고 한다. 공무원일 때는 나라에서 그 일을 맡기고, 일반 기관에서는 각 기관에서 일정한 직무를 맡길 때 그 일을 하는 사람을 이르는 말이다. 판사는 판결 업무를, 검사는 검찰 업무를 해내라고 맡긴 사람이기 때문에 각각 판사(判事), 검사(檢事)로 적는다. 법인의 이사(理事)나 감사(監事)로 적는 것도 그 때문이다. 한 지방자치단체 도(道)의 행정 사무를 총괄하는 일을 맡는 사람이 도지사(道知事)이고 도민들이 선출해서 도

정을 맡기는 것이다. 그래서 맨 끝의 표기가 '사(事)'가 붙는 것이다.

사법시험을 통해서 임명된 법정에서는 판사와 검사가 있다. 그리고 변호사도 있다. 그런데 이들의 한자 표기는 각각 판사(判事), 검사(檢事), 변호사(辯護士)로 표기한다.

가만히 보면 끝에 쓰이는 '사'의 한자가 서로 다른 '사(事 일사)'와 '사(士 선비사)'이다. 다 같이 법을 다루거나, 법정에서 일하는데 말이다.

또 흔히 '사'자 붙은 사람들이라 하여도 공직임명이 아닌 선택을 통한 열거하는 직업들이 있다.

위에서 언급된 판검사와 변호사 외에도 이를테면 의사, 약사, 변리사, 감정평가사, 회계사 등이 그런 부류에 속한다고 할 수 있다. 이들 직업의 한자 표기는 각각 의사(醫師), 약사(藥師)와 변리사(辨理士), 감정평가사(鑑定評價士), 회계사(會

計士)로 쓰는데 여기서도 끝에 쓰이는 '사'의 한자가 '사(師 스승사)'와 '사(士 선비사)'로 서로 다름을 알 수 있다.

그러면 '사(士 선비사)' 자가 붙는 직업들을 살펴보자. 변호사(辯護士), 속기사(速記士), 변리사(辨理士), 감정평가사(鑑定評價士), 회계사(會計士) 등이 있다. 이들은 모두 공인기관(대개는 국가)에서 일정한 조건과 능력을 갖춘 이들에게만 부여하는 자격증을 갖고 있는 사람들이다.

이처럼 '사(士 선비사)'가 붙는 이들은 그 밖에도 기관사(機關士), 장학사(奬學士)와 각종 기사(技士), 그리고 프로바둑 기사(棋士, 碁士) 등도 있다. 프로바둑 기사만 해도 일정한 나이를 넘기기 전에 몇 십대 일의 입단 대회를 거쳐야만 얻을 수 있는 자격이기 때문에 '사(士 선비사)' 자를 붙인다. 때문에 '항해사, 석·박사, 세무사, 관세사, 조종사' 등에도 '사(士 선비사)'를 쓰고 있다.

그런데 의사(醫師), 약사(藥師), 교사(敎師), 간호사(看護師), 사육사(飼育師) 등을 보면 '사(師 스승사)' 자가 붙어 있다. 일정한 자격을 가진 사람들에게 부여하는 것으로 보면 '사(士 선비사)'와 같다. 하지만, 자세히 뜯어보면 조금 다른 점이 있다. 즉, 이들은 모두 몸수고(몸으로 힘들이고 애씀)가 곁들여

져야만 그 일을 해내는 사람들이다. 다른 이들을 위해 일할 때, '사(士 선비사)'가 붙은 변호사나 변리사 등은 주로 문서(행정)위주로 일을 하지만, 이들은 직접 몸수고를 더 많이 하는 사람들인 것이다.

그렇기 때문에 몸으로 해내는 마술사(魔術師), 정원사(庭園師) 등도 '사(師 스승사)'로 표기하고, 요리사도 요리사(料理師)로 적는 것이다.

예전의 도지사 격인 관찰사는 '충청 감사'에서처럼 '감사'라고도 했는데 위에서 다룬 '사(事 일사)'가 아닌 '사(使 하여금사)'를 써서 관찰사(觀察使)로 표기했다. 거기에는 이유가 있는데, 관찰사 자리가 엄청 막강했기 때문이었다.

관찰사(감사)는 종2품으로서 도내 수령 방백들의 근무 평가는 물론이고 즉석 탄핵까지도 할 수 있는 막강한 권한이 있다.

그래서 조정의 사헌부에 대비되는 외헌(外憲)이라고까지 했고, 심지어 군권까지도 거머쥐고 병마절도사·수군절도사를 겸임했다.

수군절도사가 따로 있는 곳에도 관찰사가 그들보다 상위였다. 이와 같이 직급이 높은 관헌(대체로 정3품 당상관 이상)에게는 '사(事 일사)'가 아닌 '사(使 하여금사)'를 써서 우대해줬던 것이다.

한 나라를 대표해서 다른 나라에 파견되는 최고위 외교관이 대사라고 하는데 그 표기도 대사(大使)라 적고, 그보다 한 급 아래인 공사도 공사(公使)로 적는다.

이를 요약하면 다음과 같다.

· 사(事) : 일정한 직임을 맡은 임명직(선출직). (예)판사(判事), 검사(檢事), 이사/감사(理事/監事), 도지사(道知事).

· 사(使) : 이 중에도 고위직의 경우에는 '사(使)'로 표기. (예) 관찰사(觀察使), 대사(大使), 공사(公使), 어사(御使. 당상관 이상)

· 사(士) : 일정한 자질과 능력을 갖추고 검정 등을 통과한 이에게 수여한 자격. (예) 변호사(辯護士), 변리사(辨理士), 감정평가사(鑑定評價士), 회계사(會計士), 기관사(機關士), 장학사(奬學士), 각종 기사(技士), 바둑 기사(棋士/碁士), 석.박사(碩.博士), 항해사(航海士), 세무사(稅務士), 관세사(關稅士), 조종사(操縱士) 등.

· 사(師) : 전문 분야에서 정해진 능력을 갖추고 주로 몸수

고로 그 업무를 해내는 사람. (예) 의사(醫師), 약사(藥師), 교사(敎師), 간호사(看護師), 사육사(飼育師), 마술사(魔術師), 정원사(庭園師), 요리사(料理師) 등.

다양한 직업들이 생겨나면서 한자어 표기의 방법도 마음대로 쓰인 것이 아님을 알 수 있다. 관행적 표기 방법을 이탈하지 말아야 할 것이다.

어린 아들의 지혜

조선 중종 때의 영의정 홍언필의 아들 홍섬의 일화다.

홍섬(1504-1585)은 선조 때 좌의정, 영의정을 지낸 사람으로 문장에 능하고 경서에 밝았으며 호는 인재다. 저서로 『인재집』, 『인재잡록』이 전해진다.

어느 여름의 일이다. 홍언필이 사랑채에서 낮잠을 자고 있었는데 한참을 자다가 무엇인가 배를 누르는 듯한 느낌이 들었다. 뜨이지 않는 눈을 겨우 떠서 보니 자신의 배 위에서 커다란 구렁이 한 마리가 똬리를 틀고 혀를 날름거리고 있는 것이 아닌가?

홑적삼으로 전해오는 큰 구렁이의 차가운 느낌이 섬뜩했지만 몸을 움직이면 구렁이가 무는 것은 뻔한 이치였다. 홍필언은 무섭고 두려웠지만 구렁이가 스스로 내려갈 때까지 꼼짝 못하고 누워 있었다.

시간이 꽤 지났는데, 구렁이는 그대로 있고 두려움은 점점

커지고 소리 지를 수 없으니 속만 바싹바싹 타 들어갈 때였다.

사람이 오는 소리가 나더니 이제 여섯 살이 된 아들 홍섬이 대문에서 아장아장 걸어 와서 그 무서운 광경을 보았다.

섬은 아버지에게 일어난 일을 잠시 보더니 그냥 왔던 문으로 나가버렸다. 홍언필은 아버지의 위급함을 보고 구하지 않고 사라진 아들이 야속했다. 그러나 여섯 살 아이가 무엇을 하리라고 기대한 것이 잘못이었다고 스스로 위로했다.

그런데, 잠시 뒤에 아들 섬이 다시 문을 빠끔히 열고 들어오는 것이었다. 아들 섬의 손에는 뒤뜰 연못가에서 잡은 듯한 개구리 서너 마리가 들려 있었다.

섬은 살금살금 다가오더니 아버지를 향해서 개구리들을 던졌다.

개구리를 던지는 순간 구렁이는 잽싸게 아버지 홍언필의 배 위에서 내려와 개구리를 잡아먹으려고 쫓아갔다.

그때서야 홍언필은 일어나서 숨을 쉬게 되었다.

여섯 살 아이의 슬기로운 지혜가 아버지의 생명을 구한 것이다.

그 어린 아들 홍섬은 훗날 명재상이 되었다. 대제학을 지내고 영의정을 세 번이나 지냈다고 한다. 위기 때 지혜를 발휘해서 대응하는 능력이 필요함을 보여준다.

만일 아버지의 배에서 구렁이를 막대기나 끈 따위로 물리적으로 끌어내리려 했다면 필시 아버지 홍필언이나 어린 아들 홍섬 중 한 명은 구렁이에게 물리고 말았을 것이다. 그런데 그렇게 어려운 사정 중에도 침착하게 개구리를 잡아다 구렁이 앞에 던져주는 어린 아들의 지혜는 위기대처능력이 얼마나 중요한지를 잘 보여주는 일화라 하겠다.

화도화(花桃花)

조선 정조 때의 이야기다.

정조의 세자시절 스승은 정조가 임금으로 재위할 당시 삼정승을 지낸 번암 채제공 대감이다.

채제공 대감은 정조의 세자시절부터 그가 죽을 때까지 정조가 하는 모든 것을 다 알고 있었다. 말하자면 뭐하나 자기 뜻대로 되는 것이 없을 정도로 이론에 해박해서 정조 임금은 채제공 대감의 주장을 꺾을 수가 없었다고 한다.

채제공 대감이 죽자 정조는 이제는 나보다 더 해박한 사람이 나라 안에 없을 것이라고 쾌재를 불렀다. 곧 과거시험이 있었다. 이번 시제(시험제목)를 불경원서에서 나오는 본인만 아는 문제를 내면 아무도 모를 것이라고 자신 만만해 있었다.

옛날에 한양에 과거를 보러 가려면 영·호남 지방의 사람들은 한 달을 기약하고 걸어야만 했다. 어떤 유생이 과거보러 한양

길을 나섰는데 산을 넘고 강을 건너 해종일 걷다가 어두워 질 무렵 어느 묘지 옆에 있는 주막을 찾아 잠이 들었다.

꿈에 어느 위엄 있는 노인 분이 나타나 이번 과거시험 문제에 "화도화"라는 것이 출제되는데, 그것은 목화(綿花, 草綿이라고 불리어 지기도 한다)를 의미하는 것이니, 목화의 성장과정을 쓰면 된다고 했다. 그리고 그는 꿈에서 깨어났다.

그는 날이 새기 바쁘게 뒤돌아 볼 겨를 없이 줄행랑을 치듯 주막을 빠져나왔다.

그리고 한양에 도착해서도 시험당일 시험장에 들어서니 벌

써 전국 각처에서 온 사람들이 시험장을 꽉 메우며 나름대로 준비를 하고 있었다.

시험관이 등장하여 시제를 내리고 시험 선포를 했다.

두루마리를 풀어내리니 "화도화"는 시제가 쓰여 있지 않은가?

정신을 차려 꿈에 나타나 화도화(花桃花)가 목화라는 것을 생각하고 목화는 처음에는 무궁화를 닮은 꽃을 피우고 두 번째는 복숭아를 닮은 열매를 맺었다가 세 번째는 솜꽃을 피운다는 뜻을 한시로 적어 냈다.

開而 結而 發而(개이 결이 발이, 열리며 맺고 피어나며)

黃今 綠今 白今(황금 녹금 백금, 누르고 다음 푸르며 다음 백색이다.)

결과는 장원 급제였다.

이야기는 장원급제에 의의가 있는 것이 아니라, 임금이 채제공 대감이 세상에 없으니 나밖에 모르는 것을 어떻게 알고 있는가가 문제였다.

정조대감은 직접 어사화를 씌워주며 "그대는 이 글귀를 어떻게 알았는가?"하고 물었다.

그는 "과거시험을 보러 올 때 어느 무덤 옆 주막에서 하룻밤을 지냈는데 이러이러한 일이 있었노라."며 지샐 때 이야기를 사실대로 아뢰었다.

그 말을 들은 정조 임금은 '누구의 묘냐?'고 다그치면서 옆에 있는 신하에게 '누구의 묘인지 당장 알아오라.'고 하명했다.

저녁 무렵이 되어 되돌아온 사자는 임금님께 지금의 용인에 묘지가 있는 묘지의 주인은 "채제공 대감"이라고 복명했다.

정조임금은 그제서야 무릎을 탁 치며 "죽어도 안 되는구나."라고 토로 하였다.

이 세상에는 죽어도 안 되는 일이 있다. 그런 일은 풀려 하지 말고 돌아가면 된다. 나만이 해답을 가지고 있는 일도 없다. 어떤 사람은 자기만이 할 수 있는 일이라고 생각하지만, 이 세상에는 비밀도 없고, 해결방법이 없는 문제도 없는 것이다.

이 도서의 국립중앙도서관 출판예정도서목록(CIP)은 서지정보유통지원시스템 홈페이지(http://seoji.nl.go.kr)와 국가자료종합목록 구축시스템(http://kolis-net.nl.go.kr)에서 이용하실 수 있습니다. (CIP제어번호 : CIP2020023951)

윤영창 수필집

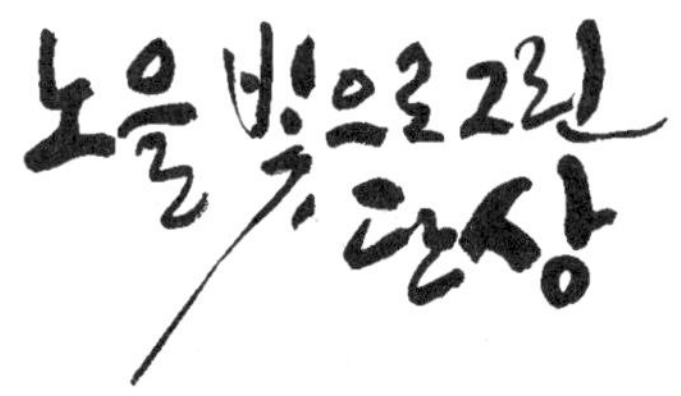

초판인쇄일 2020년 6월 19일
초판발행일 2020년 6월 26일

지은이 : 윤영창
발행인 : 김순진
편집장 : 전하라
디자인 : 김초롱
펴낸곳 : 문학공원
등 록 : 2004년 3월 9일 제6-706호
주 소 : 우편번호 03382 서울 은평구 통일로 633
녹번오피스텔 501호 스토리문학사
전 화 : 02-2234-1666
팩 스 : 02-2236-1666
홈페이지 : http://cafe.daum.net/yob51
이메일 : 4615562@hanmail.net

※ 책값은 뒤표지에 있습니다.